최진기의
교실밖
인문학

최진기의
교실밖
인문학

최진기 · 서선연 지음

스마트북스

최진기의
교실밖
인문학

1쇄 발행 2016년 2월 29일
28쇄 발행 2024년 6월 3일

지은이 최진기 · 서선연
펴낸이 유해룡
펴낸곳 (주)스마트북스
출판등록 2010년 3월 5일 ┃ 제2021-000149호
주소 서울시 영등포구 영등포로5길 19, 동아프라임밸리 1007호
편집전화 02)337-7800 ┃ **영업전화** 02)337-7810 ┃ **팩스** 02)337-7811 ┃ **홈페이지** www.smartbooks21.com

ISBN 979-11-85541-32-7 03100
원고 투고 : www.smartbooks21.com/about/publication

내가 다른 사람들보다 더 멀리 볼 수 있었다면,
그것은 바로 거인들의 어깨 위에 올라섰기 때문이다.
－아이작 뉴턴－

최진기와 함께하면 인문이 재미있다

어렵지 않아요! 시야를 조금만 넓히면 됩니다

인문학이 뭘까요? 사전은 인문학이 '언어, 역사, 철학, 문학 따위를 연구하는 학문'이라고 합니다. '따위'가 문제입니다(여기서 '따위'는 이것들보다 더 많은 분야를 연구한다는 말이겠지요). 결국 세상에서 일어나는 거의 모든 것을 연구하는 학문이라는 말입니다. 머리가 지끈지끈하지요?

그런데 가만히 생각해 보면, 여러분은 '벌써' 인문학을 하고 있습니다. 언어를 배우고 있고, 역사도 배우고 있고, 또한 문학도 배우고 문학책도 읽고 있습니다. 거기다가 시야를 조금만 넓히면 됩니다. 인간과 철학, 사회, 문학, 역사의 큰 줄기를 하나로 모으면 됩니다. 『최진기의 교실밖 인문학』이 여러분의 길잡이가 되어 줄 것입니다.

인문학의 힘 – '다르게' 생각하는 힘

인문학은 인간과 우리를 둘러싼 세상을 깊이 있게 들여다보고 생각할 수 있게 해 줍니다. 인문학은 인간에 대한 학문이며, 인간을 향해 있는 학문이기 때문입니다. 생각하고 스스로에게 질문하고, 다시 생각하고, 다시 질문하고⋯⋯. 이렇게 반복하다 보면, 어느새 여러분의 사고가 점점 더 깊어질 것입니다.

역사, 철학, 문학을 공부한다고 당장 삶이 달라지는 것은 아닙니다. 인문 지식을 머릿속에 받아들이고 자신의 것으로 만들기까지 시간이 걸립니다. 하지만 밑바탕을 단단히 다지면 통찰력이 생깁니다. 세상에서 일어나는 일들을 통합적·유기적으로 보고, 그 이면을 꿰뚫어 볼 수 있는 안목도 생깁니다. 인문학적 감수성과 사유의 깊이는 우리 삶의 밑바탕을 다져 줍니다.

인문학으로 가는 도움닫기

누군가는 말합니다. "인문학을 공부하려면 어렵더라도 원전을 읽어야지."

그런데 지금 인문 초보자(아니면 청소년인 당신)가 처음부터 플라톤의 『대화편』, 존 롤스의 『정의론』, 한나 아렌트의 『예루살렘의 아이히만—악의 평범성에 대한 보고서』로 시작하는 것이 좋은 방법일까요? 플라톤의 『대화론』은 내용이 방대할 뿐더러 고대 그리스의 철학, 정치, 문화 등 모든 지혜가 담긴 책입니다. 성인도 읽기가 쉽지 않습니다. 존 롤스의 『정의론』을 읽으려면 아리스토텔레스와 공리주의 등을 제대로 이해하고 있어야 합니다.

고전은 각 분야 최고의 책입니다. 웬만한 수준의 책도 경험의 폭과 배경 지식이 약하면 읽기 어려운데, 하물며 한 분야를 깊이 파고든 사람의 생각이 응축되어 있는 고전에 바로 들어가다 보면, 겨우 몇 십 쪽을 읽다가 기가 질려 포기할 수 있습니다. 그래서 멀리뛰기에서 도움닫기를 하는 것처럼, 고전에 제대로 들어가기 위해서는 간결하고 쉬운 설명으로 된 책으로 도움닫기를 하는 것이 좋습니다. 『최진기의 교실밖 인문학』은 바로 그런 책입니다.

인문학의 여행 지도

무엇이든 공부를 할 때는 처음에는 숲을 먼저 훑어보는 것이 좋습니다. 그다음에 나무를 보아야지요.

여러분이 배낭을 메고 유럽 여러 나라를 여행한다고 생각해 보세요. 여행서를 사거나 인터넷 블로그 등에서 다양한 자료를 준비할 것입니다. 유명한 장소와 박물관, 멋진 건물, 맛있는 음식도 먹으려고 계획을 세울 겁니다. 그렇게 자료를 잔뜩 싸들고 여행을 가지요.(물론 요즘은 스마트폰이 있어 달랑 하나만 들고 가도 되지만요.) 그러나 정작 여러분이 여행 가서 가장 많이 보는 것은 지도입니다.

인문학 공부도 마찬가지입니다! 인문학 공부에도 지도가 필요합니다. 여러분이 인문학 여행을 잘할 수 있도록 만든 지도가 바로 이 책입니다.

『최진기의 교실밖 인문학』은 고대 그리스 철학자 소크라테스부터 현대의 정치사상가 한나 아렌트까지, 인류 지성사에 크나큰 발자국을 남긴 사상가들의 위대한 생각을 정리한 '인문 지도책'입니다.

여러분이 흥미를 느낄 수 있도록 각 상황을 스토리텔링으로 썼습니다. 최대한 쉽게 풀어 썼고 다양한 사례를 통해 생각해 보는 〈잠깐〉 코너도 만들었습니다. 또 원고를 가다듬는 단계에서 인문 초보자, 중학생과 고등학생 들이 먼저 읽어 보고 이해하기 힘든 부분이 있다고 하면 다시 고쳐 썼습니다. 이런 과정을 거치면서, 조금 더 이해하기 쉬운 책이 되었습니다. 미리 읽고 열심히 의견을 써 준 분들에게 감사를 드립니다.

『최진기의 교실밖 인문학』, 이렇게 활용하세요

앞에서도 말했지만, 『최진기의 교실밖 인문학』은 여러분이 인문 여행을 떠날 때, 목적지를 잘 찾아갈 수 있도록 한 도움닫기 지도책입니다. 앞으로 여러분이 수많은 책을 읽을 수 있도록 하는 기본이요, 뿌리가 되는 책입니다.

책을 읽으면서 궁금한 것이나 호기심이 생기는 부분은 메모해 두었다가 다음에 다른 책을 찾아 읽어 보세요. 원래 독서는 한 책을 읽다가 궁금한 것이 있으면 다른 책을 찾아 읽어 보고, 그렇게 확장되어 나가지요. 이런 과정을 거치면서 여러분은 깊이 있는 독서를 하고, 인문학뿐만 아니라 수학, 과학, 물리학, 천문학 등 자연과학 분야로 확장된 독서를 하게 됩니다. 그리고 이런 경험이 반복되면 여러분은 세상과 사물에 널리 통하게 되는, '통섭의 단계'로 발전하게 됩니다.

인문학의 세계로 첫발을 내딛는 분들에게 이어령 선생님의 말씀을 전해 드리고 싶습니다.

"내가 지닌 독창성과 상상력의 원천은 어려운 글들을 읽으면서 모르는 부분을 끊임없이 메우려는 것에서 생겨났다고 생각합니다. 내용이 어려우면 생각하게 됩니다."

자, 이제 인문의 첫발을 디뎌 봅시다.

2016년 2월
최진기

차례

3장 인간에 대한 새로운 발견

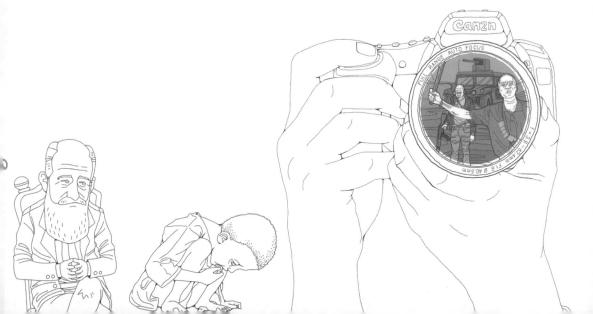

5장 현대를 보는 날카로운 시선—기억해야 할 진실

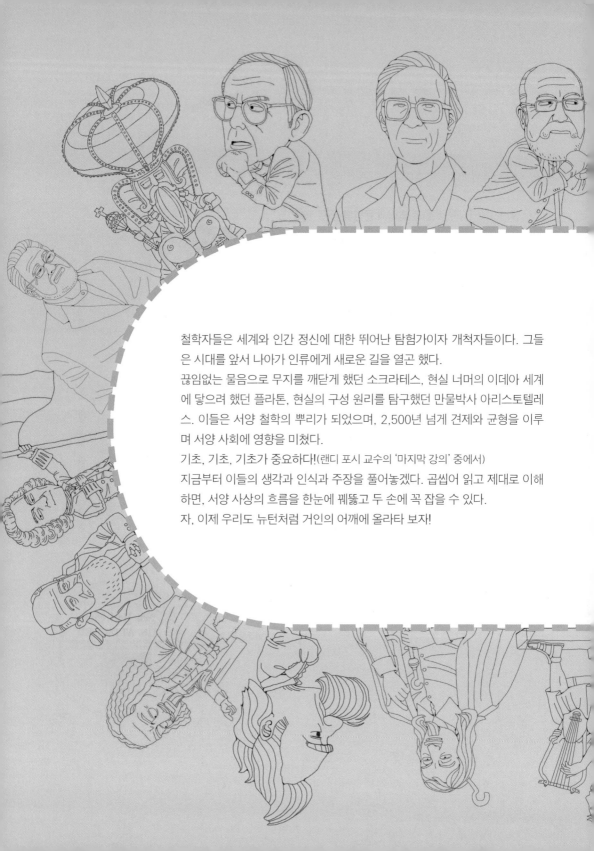

철학자들은 세계와 인간 정신에 대한 뛰어난 탐험가이자 개척자들이다. 그들은 시대를 앞서 나아가 인류에게 새로운 길을 열곤 했다.

끊임없는 물음으로 무지를 깨닫게 했던 소크라테스, 현실 너머의 이데아 세계에 닿으려 했던 플라톤, 현실의 구성 원리를 탐구했던 만물박사 아리스토텔레스. 이들은 서양 철학의 뿌리가 되었으며, 2,500년 넘게 견제와 균형을 이루며 서양 사회에 영향을 미쳤다.

기초, 기초, 기초가 중요하다!(랜디 포시 교수의 '마지막 강의' 중에서)

지금부터 이들의 생각과 인식과 주장을 풀어놓겠다. 곱씹어 읽고 제대로 이해하면, 서양 사상의 흐름을 한눈에 꿰뚫고 두 손에 꼭 잡을 수 있다.

자, 이제 우리도 뉴턴처럼 거인의 어깨에 올라타 보자!

1장

생각의 탄생

01

무지를 깨닫는 방법

소크라테스의 산파술

그리스 아테네의 한복판.

키가 작고 뚱뚱한데다 얼굴이 못생긴 남자가 길을 걷고 있었다. 아테네 사람들은 이 남자를 잘 알았다. 아테네 곳곳을 누비고 다니며 지나가는 사람들에게 끊임없이 질문을 퍼부어 댔기 때문이다. 어느 날, 이 남자가 한 소피스트와 대화를 나누었다.

소피스트는 기원전 5세기 무렵, 그리스에서 지식과 교양, 변론술(효과적으로 설득하기 위한 말하기 기술)이나 수사학, 웅변 같은 것을 가르치던 사람들이다. 소피스트들은 아테네 시민들에게 큰 인기를 끌었다.

남자: 부자가 좋은가요? 가난한 사람이 좋은가요?

소피스트: 당연히 부자가 좋지요.

남자: 왜 그렇지요?

소피스트: 가난한 사람은 돈이 없으니, 다른 사람의 물건을 훔치거나 나쁜 일을 할 수 있잖아요.

남자: 정말 부자가 더 좋을까요? 부자인데도 돈이 부족하다고 생각하는 사람들도 있어요. 또 부자인데도 다른 사람의 것을 탐내어 나쁜 짓을 저지르는 사람들도 있고요. 가난한 사람은 고작 남의 것을 훔칠 뿐이지만, 힘센 부자는 더 큰 해를 입힐 가능성이 크지 않나요?

소피스트: 음, 그럴 수도 있겠군요.

남자: 그렇다면 부자가 좋은가요? 가난한 사람이 좋은가요?

소피스트: 모르겠어요.

소피스트는 처음에 가난한 사람은 돈을 훔칠 가능성이 있으니 부자가 더 좋다고 했다. 그러나 이 남자가 부자도 다른 사람의 것을 탐낸다고 하자, 결국 부자가 좋은지 가난한 사람이 좋은지 모르겠다고 대답했다. 자신의 말이 잘못되었다는 것을 알아차린 것이다.

이렇게 소피스트에게 질문을 퍼부어 댄 사람이 그리스 철학자 소크라테스(Socrates, 기원전 469?~기원전 399)이다. 소크라테스는 사람들에게 끊임없이 질문을 했다. 사람들은 그의 물음에 답하다 보면 어느새 자신의 주장이 이치에 맞지 않아 모순된다는 것을 알고, 자신의 무지(無知, 아는 것이 없음)를 깨닫게 되었다.

너 자신을 알라

그리스 델포이에 있는 아폴론 신전에는 "너 자신을 알라"라는 유명한 격언이 새겨져 있었다고 한다. 소크라테스는 이 격언을 좋아해서 자주 사용했다. 왜 그랬을까?

당시 아테네에서는 귀족과 시민이 광장에 모여서 주요한 사안에 대해 주장하거나 변론을 펼치고 다수결로 옳고 그름을 결정했다. 요즘은 재판할 때 변호사가 변론을 하지만, 아테네에서는 당사자가 시민들 앞에서 직접 자신을 변호하거나 주장을 내세웠고, 시민들이 이를 듣고 투표로 판결을 내렸다.

소피스트(sophist) 원래 '영리한', '능숙한 사람'이라는 뜻인데, 후에 '지혜로운 사람'이라는 뜻으로 쓰였다. 간혹 자신의 이익을 위해 귀에 걸면 귀걸이, 코에 걸면 코걸이 식의 변론술을 가르치는 경우도 있어 '궤변론자'라 불리기도 했다.

아테네에서 시민이란? 아테네에서 시민은 여자와 어린이, 외국인과 노예를 제외한 순수한 아테네 혈통의 남자만을 말한다. 그래서 시민은 100명 중 9명에 불과했다.

당연히 남을 설득하는 말솜씨가 뛰어난 사람들이 재판에서 이길 가능성이 높았다. 그래서 아테네 사람들은 너도나도 소피스트에게 변론술을 배웠다.

"너 자신을 알라"라는 뜻의 그리스어

그 덕분에 소피스트는 아테네 시민들에게 인기가 높았다. 그런데 소크라테스는 소피스트가 가르치는 것은 '지혜'가 아니라고 했다. 철학은 인간이란 무엇인지, 우주란 무엇인지 탐구하고 진리를 추구해야 하는데, 소피스트는 진리 추구에는 관심이 없고, 이익을 얻기 위해 화려한 말만 늘어놓고, 웅변술이나 연설법 등을 가르치며 사람들을 홀린다는 것이다.

소크라테스가 즐겨 말한 "너 자신을 알라"는 말은 '무지를 자각하라'는 것이다. 아마 소크라테스는 이렇게 생각했을 것이다.

"아테네인들이여!

헛된 말에 홀리지 말고 눈을 뜨시오. 소피스트가 하는 말은 참된 지혜가 아니오. 무지를 깨달아야 하오. 마치 모든 것을 아는 양 교만해서는 참된 지혜를 찾을 수 없소. 자신이 진정으로 '아는 것이 없다(무지)'는 사실을 깊이 깨달아야만 비로소 참된 지혜를 찾아나서게 되고, 그런 지혜를 찾을 수 있소. 그리고 참된 지혜를 알아야 올바르게 행동할 수 있소."

그러므로 참된 진리에 도달하려면, 우선 무지를 깨닫고, 그동안의 편견과 오류에서 벗어나야 한다.

소크라테스의 산파술

소크라테스는 광장의 철학자였다. 서재에 틀어박혀 생각만 하는 철학자가 아니었다. 광장에서, 거리에서, 지위나 재산, 나이와 상관없이 많은 사람들과 대화하고 토론했다. 그는 사람들에게 끊임없이 질문을 던지고 대답을 듣고 또다시 질문을 던졌다. 그리고 사람들이 스스로 자신의 무지를 깨닫게 했다.

앞에서 소개한 것처럼, 많은 소피스트들이 소크라테스와 대화를 나누고는 자신의 무지를 인정했다. 이런 문답법을 산파술이라고 한다. 산파는 산모가 아이를 낳을 때 옆에서 도와주는 사람을 말한다(소크라테스의 어머니도 산파였다).

소크라테스는 사람들에게 직접 지혜를 가르치는 것이 아니라, 대화를 통해 스스로 지혜를 얻도록 도왔다. 그래서 이렇게 말했다.

"나는 스스로 진리를 낳지는 못하지만,
다른 사람이 진리를 낳는 것을 도울 수 있다."

소크라테스의 산파술은 서양 교육에 깊은 영향을 미쳤다. 소크라테스 때부터 학생들에게 주입식으로 암기하게 하는 대신, 스스로 문제를 해결하도록 도와주는 교수법이 발달한 것이다.

소크라테스는 살아 있는 대화로만 참된 지식이 전달된다고 믿어서 글로 남기지 않았다. 대신 제자인 플라톤이 스승인 소크라테스의 가르침을 책으로 남긴 것이 지금까지 전해지고 있다.

참된 진리를 찾아서

기원전 5세기 무렵 아테네는 페르시아 전쟁에서 승리했고, 그리스 정치와 문화의 중심지가 되었다. 이에 세계 곳곳에서 사람들이 아테네로 몰려들었다. 그들 중에는 철학자들도 있었다. 소피스트는 아테네뿐 아니라 여러 도시국가들을 다니며 지식과 교양, 처세술, 변론술 등 다양한 주제에 대해 가르쳤다. 그래서 지역마다 사람들의 모습도, 가치관도, 문화도 다르다는 것을 겪어 알고 있었다.

소피스트는 현실 세계의 경험을 중시했다. 그들은 변하지 않는 절대적인 진리란 없다고 생각했다. 인간은 절대적인 진리를 알 수 없으며, 진리란 시대와 장소 등 상황에 따라 변하는 상대적인 것이라고 여겼다.

하지만 소크라테스는 소피스트와 생각이 달랐다.

"절대적인 진리는 있다."

소크라테스는 언제, 어디서나, 누구에게나 통하면서도 변하지 않는 절대적인 진리가 있다고 믿었다. 그리고 인간은 이성으로 사유*하는 존재이므로 절대적인 진리를 찾을 수 있다고 생각했다. 그리고 그런 지혜와 진리를 찾는 방법으로 산파술을 제시한 것이다.

영원히 변하지 않는 절대적인 진리는 없어.

인간은 참된 지혜를 찾는 존재라네. 절대적인 진리가 있다네.

또한 소크라테스는 변하지 않는 절대적인 도덕도 있다고 믿었다.

악법도 법이다

소크라테스가 70세 되던 해, 젊은이들을 타락시키고 신을 믿지 않는다는 죄목으로 재판을 받았다. 그는 법정에서 자신이 왜 그렇게 행동했는지 조목조목 설명하고 당당하게 무죄를 주장했다. 이 연설은 제자인 플라톤이 『소크라테스의 변명』이라는 책으로 기록하여 오늘날까지 전해지고 있다.

소크라테스는 시민법정의 1심에서 배심원들에게 유죄를 선고받았다. 아테네 재판에서는 형벌을 본인이 선택할 수 있었다. 당시의 정치범들이 으레 그렇듯이, 사람들은 소크라테스가 추방형을 선택하리라고 예상했다. 그런데 그는 예상을 깨고 벌금형을 선택했다.

"나는 벌금형을 선택하겠소. 벌금으로 1달란트를 내겠소!"

1달란트는 지금으로 치면 1,000원 정도에 불과한 적은 돈이다.

"뭐라고? 고작 1달란트를 벌금으로 내겠다고? 시민법정을 뭘로 보는 거야!"

아테네 시민들은 소크라테스가 시민법정과 자신들을 우습게 여긴다며 크게 분노했다. 그래서 화가 난 배심원들은 2심에서 소크라테스에게 사형을 선고했다.

소크라테스가 재판을 받고 감옥에 갇혔을 때였다. 부자인 친구가 감옥

 사유는 인간의 이성으로 개념, 구성, 판단, 추리 따위를 하는 것을 말한다.

으로 찾아왔다. 그 무렵 아테네에는 뇌물을 주어 감옥에 갇힌 사람을 탈옥시키는 경우가 많았다. 그 친구는 소크라테스를 탈옥시키지 않는다는 이유로 사람들에게 비난을 받았고, 그래서 소크라테스를 찾아와 탈옥하도록 도와주겠다고 했다. 소크라테스는 친구의 제안을 단호히 거절했다.

"너는 친구도 아니다. 친구로서 탈옥을 권해도 받아들이지 않을 판에, 하물며 사람들의 비난을 피하기 위해 탈옥을 권하다니!"

소크라테스는 친구의 탈옥 제안을 거절하고, 대신 죽기 전에 이렇게 부탁했다.

"크리토여, 내가 닭 한 마리의 값을 갚지 않은 것이 있다네. 잊지 말고 꼭 갚아 주게."

이제 곧 죽을 상황인데도, 소크라테스는 빌린 것은 꼭 갚아야 한다는 도덕적 의무를 저버리지 않았던 것이다.

소크라테스는 "악법도 법이다"라는 말을 한 것으로 알려졌다. 그러나 실제로 그가 이런 말을 했는지에 대해서는 논란이 있다.(이런 말을 한 적이 없다는 의견도 많다.) 그보다는 왜 이런 말이 남겨져 지금까지 전해져 오는지를 생각해 보아야 한다.

소크라테스는 법이 선한 결과를 가져오기 때문에 지키는 것이 아니라, 모두의 약속이기에 지켜야 한다고 믿었다. 그는 자신이 시민법정에 선 것은 아테네의 법을 따르기로 시민들과 약속한 것이라고 생각했다. 그래서 죽음을 피할 기회가 있었는데도, 탈옥을 거절하고 독배를 마시고 죽는 쪽을 택했다. 법을 따르기로 약속했으니 이를 어기는 것은 옳지 못하다는 것이다.

　소크라테스는 죽음 앞에서 용기 있고 차분한 태도를 보였다. 친구와
제자 들에게 자신은 축복받은 자들이 있는 곳으로 가는 것이니 슬퍼하지
말라고 했다.

인간 중심의 철학에 눈을 돌리다

18세기 프랑스 화가 자크 다비드의 「소크라테스의 죽음」
소크라테스가 독약을 마시기 전에 제자와 친구 들에게 이야기하고 있다.

소크라테스 이전의 철학자들은 자연철학자들이었다. 자연철학자들은 기원전 6세기에서 기원전 4세기에 주로 활동했는데, '만물의 근원'이 무엇인지를 탐색했다. 즉, 세상의 모든 것이 무엇으로부터 시작되었는지 밝히려고 했다. 예를 들어 탈레스는 만물의 근원을 물로 보았고, 헤라클레이토스는 불로 보았다.

한편 아테네는 지중해 무역을 통해 상업이 발전했고, 부를 쌓은 평민층이 늘어났다. 이에 따라 평민들도 발언권을 얻었고, 이들이 참여하는 직접 민주주의가 발전하게 되었다. 이에 '인간'이란 존재에 관심을 가지게 되면서, '인간 중심의 철학'이 발전하게 된다. 그 선두주자가 바로 소피스트와 소크라테스였다.

소크라테스는 철학의 중심을 '자연'에서 '인간'으로 옮겨 온 최초의 철학자라고 할 수 있다. 그는 절대적인 진리를 찾으려 했으며, 진리를 찾는 방법을 고민했다.

소크라테스는 못생긴 것으로 유명했고, 20대 때부터 수많은 제자들이 따랐다. 그중에는 플라톤 같은 귀족 자제들도 많았다. 소크라테스는 열정적이고 고집스럽게 자신의 철학을 밀고 나갔다. 한편으로는 나이나 지위, 재산에 상관없이 대화와 토론을 하며 진리를 추구한, 열린 가슴을 지닌 철학자였다.

소크라테스의 이러한 철학은 제자인 플라톤, 플라톤의 제자인 아리스토텔레스에게 영향을 주었으며, 서양 철학의 밑바탕이 되었다.

02

현실 너머의 이상적인 세계

플라톤의 이데아

어느 고등학교의 '윤리와 사상' 시험 시간. 시험지를 받아 든 학생들은 고개를 갸웃거렸다. 시험 문제는 다음과 같았다.

1. 빈칸에 꽃을 그리시오. (플라톤의 이데아 관점에서)(6점)

윤리 시험에 난데없이 꽃을 그리라니! 어떤 학생은 장미를, 어떤 학생은 해바라기를, 또 다른 학생은 백합을 그렸다. 얼마 뒤, 채점된 시험지를 받아 든 학생들은 깜짝 놀랐다. 꽃을 그린 학생들의 시험지에 이렇게 쓰여 있었기 때문이다.

"우리는 꽃을 그릴 수 없다."

꽃을 그리라고 해서 그렸는데, 꽃을 그릴 수 없다니! 그러고 보니 시험 문제에는 작은 글씨로 '플라톤의 이데아 관점에서'라는 조항이 덧붙어 있었다. 그런데 학생들이 무심코 지나쳐 버린 것이다.

학생들이 그린 것은 장미와 해바라기와 백합이지, 꽃이 아니다. 엄격하게 말하면, 플라톤의 이데아론 관점에서는 우리는 꽃을 그릴 수 없다. 무슨 말인지 이해가 가지 않는가? 그렇다면 다른 예를 살펴보자.

머릿속에 개를 떠올려 보자. 누구나 쉽게 개를 그릴 수 있다고 생각할 것이다. 하지만 우리가 그릴 수 있는 것은 주변에서 볼 수 있는 치와와, 불도그, 진돗개, 삽살개, 푸들의 모습이지, 이데아의 관점에서 보는 개는 아니다. 우리는 플라톤이 말하는 개를 그릴 수 없다.

그렇다면 꽃과 개는 어디에 있을까?

꽃과 개는 바로 머릿속에 있다. 이것을 관념이라고 한다. 꽃과 개는 관념으로만 존재할 뿐, 현실에는 존재하지 않는다. 우리는 현실 세계에 있는 장미, 해바라기, 치와와를 볼 수 있을 뿐이다.

현실 세계와 이데아

그리스 철학자인 플라톤(Platon, 기원전 428?~기원전 347?)은 세계를 현실 세계와 이데아로 나누어 생각했다.

현실 세계는 경험을 통해 알 수 있는 세계이다. 우리가 살고 있는 세계, 보고 듣고 촉감으로 느끼는 모든 것이 현실 세계라고 생각하면 된다.

플라톤이 생각한 이데아는 절대적이고 보편적이며 변하지 않는 진리의 세계이자, 이성으로 이해할 수 있는 사물의 '본질'을 말한다.

앞의 이야기에서 꽃은 플라톤이 말하는 '이데아'이고, 장미와 해바라기는 '현실 세계'이다. 그렇다면 개와 진돗개 가운데 어느 것이 이데아일까? 개가 이데아이고, 진돗개가 현실 세계이다.

장미와 해바라기, 백합과 같이 눈에 보이는 꽃은 하나의 현상이다. 현상은 감각에 따라 달라질 수 있고, 시간과 장소에 따라 변하거나 사라질 수 있다.

반면 이데아는 꽃의 아름다움이나 개의 용감함 등 어떤 사물이 가지고 있는 본질을 가리킨다. 본질은 사물을 '사물 그 자체이게끔 하는 것'으로 절대 변하지 않는다.

여기서 한 가지 의문이 생긴다. 현상과 본질 가운데 어느 것이 더 중요할까? 현상인가, 아니면 본질인가? 이 물음에 플라톤은 다음과 같이 답했다.

"본질 없는 현상은 있을 수 없다."
"이데아 없이는 현실을 이해할 수 없다."

우리는 눈으로 장미를 볼 수 있다. 장미는 경험할 수 있는 세계에 있지만, 장미의 진정한 본질은 '꽃'이다. 플라톤은 눈에 보이는 현상을 이해하기 위해서는 본질을 알아야 하고, 이데아라는 원형을 찾아야 한다고 주장했다.

동굴의 비유

플라톤은 이데아와 현실 세계의 관계를 설명하기 위해 동굴에 갇힌 죄수를 예로 들었다.

한 죄수가 동굴에 갇혀 발과 목에 쇠사슬이 묶여 있다. 죄수의 머리는 동굴 안쪽을 향하게끔 고정되어 있어서 동굴 벽만 볼 수 있고, 머리 뒤쪽에서는 빛이 비추고 있다.

이때 죄수의 머리 뒤쪽에 책이 한 권 있다고 하자. 하지만 죄수는 머리를 돌려서 실제 책을 볼 수 없다. 다만 죄수의 눈에는 동굴 벽에 비친 책의 그림자만 보인다. 그것이 책이라는 사실은 알지만, 실제 책이 아니라 그림자를 통해서만 알 뿐이다.

벽에 비친 그림자가 우리가 아는 현실 세계이고, 죄수의 머리 뒤쪽에 있는 책이 이데아이며 사물의 본질이다.

플라톤에 따르면, 모든 사물에는 각각의 이데아가 있다. 책의 이데아가 있고, 꽃의 이데아가 있고, 개의 이데아가 있고, 인간의 이데아가 있다. 보고 냄새 맡고 느끼는 사물, 모든 현실 세계는 이데아를 모방한 것에 불과하다.

우리는 이데아를 파악할 수 없고, 죄수가 동굴 벽에 비친 책의 그림자를 통해서 책인 줄 짐작하듯이 그 그림자만 본다. 우리는 이데아의 복제물인 그림자가 본질(책)인 줄 알고 살아간다. 이것이 플라톤의 이데아론이다.

시인 추방론을 주장한 이유

온갖 것들을 똑같이 그리는 놀라운 화가가 있다. 그는 꽃뿐만 아니라 작은 곤충, 동물, 사람까지 너무나 똑같이 잘 그렸다. 사람들은 그의 재주에 감탄했다. 그런데 플라톤이라면 어떻게 생각했을까?

플라톤은 '만드는 자'는 세 종류가 있다고 말했다. 책상을 예로 들면, 각 책상의 이데아를 만든 창조자(신), 책상의 이데아를 본떠서 실제 책상을 만드는 제작자(기술자), 그리고 만들어진 책상을 보고 그리고 묘사하는 모방자(시인, 화가)이다.

창조자가 책상의 이데아를 만들고, 제작자가 그것을 본떠 책상을 만들고, 화가는 그 책상을 모방해 그리는 것이다.

플라톤에 따르면, 우리가 쓰는 실제 책상은 '책상의 이데아'를 모방한 것이다. 그렇다면 화가의 그림이나 시인의 시는 이데아를 모방한 책상을 다시 모방(묘사)한 것에 불과하다.

그러므로 창조자 → 제작자 → 모방자를 거치면서, 책상의 본질인 이데아에서는 점점 멀어진다. 플라톤은 그림이나 시가 본질(이데아)을 제대로 표현하지 못하며, 오히려 진리에 다가가는 것을 방해한다고 생각했다. 그래서 시인이 쓴 시는 교육적인 가치가 없다며 시인 추방론을 주장했다. 플라톤의 생각이 어떻든, 우리는 시를 사랑하며 즐기지만 말이다.

플라톤은 왜 『국가』를 썼을까?

플라톤은 아테네의 부유한 귀족 가문 출신이었다. 그는 아테네를 자랑스러워했고, 위대한 철학자 소크라테스를 존경하고 사랑했다. 그가 스승인 소크라테스를 얼마나 존경하고 사랑했는지는 다음과 같은 말에서도 알 수 있다.

"나는 신에게 무척 감사한다. 첫 번째는 그리스인으로 태어난 것에 대해, …… 그러나 정말로 감사한 것은 소크라테스와 같은 시대에 태어난 것이다."

하지만 스승 소크라테스는 아테네의 시민법정에서 다수결에 의해 사형선고를 받고 독약을 마셔야 했다. 그 모습을 지켜보아야 했던 플라톤이 얼마나 슬프고 분노가 치밀었겠는가?

또한 플라톤은 성장하면서 조국 아테네가 스파르타와 20년 넘게 벌인 전쟁을 겪었다. 이 펠로폰네소스 전쟁(기원전 431~기원전 404)에서 그리스의 도시국가들은 서로 갈라져서 격렬한 전투를 벌였다. 수많은 사람이 죽었고, 전쟁이 길어지면서 그리스인의 삶은 황폐해지고 도덕이 땅에 떨어졌다. 결국 아테네는 이 전쟁에서 지는 치욕을 겪고 혼란에 빠졌으며, 그 결과 쇠락하게 된다. 플라톤은 아테네의 정치에 실망했고 울분을 토했다.

 젊은 시절 플라톤이 쓴 작품들은 스승 소크라테스가 나눈 대화를 기억해 두었다가 글로 남긴 것이고, 후기의 작품은 자신의 철학을 소크라테스가 말하는 형식으로 전하는 것이다. 그래서 '대화편'에서 어디까지가 소크라테스의 생각이고, 어디까지가 플라톤의 생각인지 알기 힘들다. 이를 '소크라테스의 문제'라고 한다.

플라톤의 책은 대부분 대화 형식으로 되어 있어서 '대화편'이라고도 부른다. '대화편'에서는 소크라테스가 대화를 이끌어 가는 주인공으로 자주 등장한다. '대화편'에서 가장 중요하고, 오늘날에도 많은 사람들이 읽는 작품이 바로 『국가』이다.

플라톤은 『국가』에서 정의로운 국가는 무엇이며, 어떻게 만들 수 있는지, 어떤 삶이 훌륭한 삶인지에 대해 고민했다. 뿐만 아니라 철학, 정치, 경제, 교육, 문화 등 그리스의 모든 지혜를 담았다. 플라톤의 『국가』에 나오는 몇 가지 이야기를 살펴보자.

정의로운 인간을 위하여 – 4주덕

인간은 어떻게 살아야 할까? 2,500여 년 전에 살았던 플라톤은 이 질문에 어떻게 대답했을까?

플라톤은 정의로운 삶이 훌륭한 삶이라고 생각했다. 그렇다면 정의로운 인간이란 어떤 사람을 말하는가?

플라톤은 인간의 영혼이 이성, 기개(씩씩한 기상), 욕망의 3가지 요소를 가지고 있다고 생각했다. 머리에는 이성이 있고, 가슴에는 기개가 있고, 배에는 욕망이 있다.

그런데 이러한 영혼의 3가지 요소에는 각각의 덕이 있다. 이성의 덕은 '지혜'이고, 기개의 덕은 '용기'이며, 욕망의 덕은 '절제'이다. 다시 말해 머리(이성)는 지혜롭고, 가슴(기개)은 용기가 있고, 배(욕망)는 절제해야 한다. 그래야만 인간은 비로소 '정의의 덕'을 갖출 수 있다.

플라톤은 지혜와 용기, 절제 그리고 정의를 4주덕이라고 했다. 이 4주덕을 갖추어 정의로운 인간이 될 때, 이상의 세계인 이데아로 나아갈 수 있다고 생각했다.

정의로운 국가는 어떻게 만들 수 있는가 – 철인 통치

플라톤은 국가가 정의로워야 사람들도 정의로울 수 있다고 믿었다. 그렇다면 정의로운 국가는 어떻게 만들 수 있을까?

플라톤은 국가를 구성하는 사람들을 3개의 계급으로 나누어 생각했다. 바로 통치 계급, 전사 계급, 생산자 계급이다.

통치 계급은 국가를 다스리고, 전사 계급은 최상위의 고위 군인 등으로 전쟁과 군사를 담당하며, 생산자 계급은 상인이나 농민으로 생산을 맡는다.

플라톤은 각 계급이 타고난 기질을 알고, 자신에 맞는 역할에 충실할 때, 정의로운 국가가 될 수 있다고 주장했다.

통치 계급은 국가의 머리로서 이성의 덕인 '지혜'를 가져야 한다. 전사 계급은 국가의 가슴에 해당되며, 기개를 가지고 '용기'의 덕을 드러내야 한다. 생산자 계급은 국가의 배로서 욕망을 '절제'해야 한다.

만약 통치 계급이 지혜가 없다면 어떻게 될까? 또는 생산자 계급이 지

지혜
(이성)

용기
(기개)

절제
(욕망)

정의

통치 계급

전사 계급

생산자 계급

혜로워지면 어떻게 될까? 플라톤은 국가가 혼란스러워진다고 생각했다. 한마디로 각자의 역할에 충실하라는 것이다.

그렇다면 어떤 사람이 통치자가 되어야 정의로운 국가가 될 수 있을까? 플라톤은 가장 정의로운 인간이 국가를 통치해야 한다고 믿었다. 그러므로 선(善)의 이데아를 가진 철학자가 국가를 이끌어야 한다고 생각했다. 이 세상에는 무수히 많은 이데아가 있으며, 그 가운데 가장 위에 있는 것이 선의 이데아이다.

플라톤은 정의로움과 옳고 그름, 이로움의 이데아를 아는 철학자가 국가를 통치할 때, 비로소 이상국가가 될 수 있다고 주장한 것이다. 이를 철학자가 통치한다고 해서 '철인 통치'라고 한다.

현실 너머의 세계

플라톤의 원래 이름은 '아리스토클레스'인데, 유난히 어깨가 넓어서 '플라톤'이라 불렸다고 한다. 그리스어로 Platon은 '넓다'는 뜻이다. 글재주가 뛰어나 시와 비극을 썼으며, 서양 최초의 학교로 불리는 아카데메이아를 세워 철학을 강의했다.

플라톤은 세계를 우리가 접하는 현실 세계와 영원한 진리의 세계인 이데아로 나누었다. 플라톤이 말하는 이데아는 아름답고 궁극적이며 영원한 세계이다. 그는 현실 너머의 이데아, 절대적인 진리의 세계를 제시한 최초의 철학자라고 할 수 있다.

플라톤의 철학은 서양 철학의 가장 큰 줄기가 되었다. 그리고 2,500여 년이 지난 지금까지도 서양의 철학, 사회, 문화에 커다란 영향을 미치고 있다.

철인 통치와 노블레스 오블리주

아테네는 시민들이 직접 참여해 다수결로 결정하는 직접 민주주의를 했다. 하지만 다수결에 따라 많은 사람들이 원하는 대로 결정했다고 해서, 항상 옳은 것은 아니다. 소크라테스도 시민법정에서 다수결에 의해 사형선고를 받지 않았는가?

또한 아테네는 국가의 중요한 직책을 여러 명이 돌아가면서 맡거나, 제비뽑기로 뽑았다(장군직은 직접 뽑았다). 그러다 보니 통치자들의 전문성과 탁월성이 부족했다.

플라톤은 아테네의 민주정을 중우 정치, 즉 어리석은 대중들의 정치라고 생각했다. 그래서 이성과 현명함을 갖춘 철인이 국가를 통치해야 한다고 주장했다. 요즘으로 치면 엘리트* 정치로, 뛰어난 통치자가 이끌고 나머지는 그를 따르는 것이다.

현대 민주주의 사회에서도 엘리트주의가 심각하다. 영국의 경우 정부, 의회, 법조, 기업 등에서 고위 관리층의 71%가 이튼 칼리지 등 명문 사립학교 출신

이튼 칼리지는 1440년에 설립된 명문 사립 중등학교로 20여 명의 영국 총리를 비롯하여 정치·문화계 인사를 배출했다. 영국 왕들도 이튼 칼리지를 다녔다. 우리나라의 특목고도 엘리트주의를 추구한다는 비판을 받는다.(위키피디아)

엘리트란 한 사회에서 능력이 뛰어나다고 인정받는 사람, 또는 높은 지위에 올라 지도적인 위치에 있는 사람을 말한다.

이라고 한다.

그런데 플라톤이 주장한 철인 통치는 오늘날 우리가 생각하는 엘리트 정치와는 좀 다르다. 그는 통치 계급에게 노블레스 오블리주를 요구했다.

노블레스 오블리주(noblesse oblige)란 '명예(noblesse)만큼 의무(oblige)를 다해야 한다'는 뜻의 프랑스어이다. 명예와 특권을 누리는 만큼 책임과 도덕적인 의무에 충실하라는 말이다.

플라톤은 귀족 자제 100명을 뽑아 외딴 섬에서 혹독하게 훈련시킨 다음, 10명이 살아남을 때까지 싸움을 붙여 가장 뛰어난 한 명은 지도자로 삼고, 나머지 아홉 명은 보좌로 삼자고 주장했다.

한편 플라톤은 통치 계급의 부인 공유제도 주장했다. 통치 계급이 부인을 공유하면, 그 부인이 아기를 낳더라도 누구의 아기인지 알 수 없다. 그러면 자식에게 재산을 물려주려는 욕구가 없어지며, 정치를 좀 더 공평하고 공정하게 할 수 있다는 것이다. 플라톤은 통치 계급에게 이처럼 강력한 노블레스 오블리주를 요구했다.

로댕의 조각 작품 「칼레의 시민」.
14세기 영국과 프랑스의 백년전쟁 때, 죽음을 각오하고 칼레 시(프랑스)를 구하기 위해 나선 시의 지도자 여섯 명의 모습.

노블레스 오블리주의 사례

2015년 우리나라는 국제투명성기구에서 발표한 '부패 인식 지수'에서 43위를 기록했다. 이는 우리나라 사회 지도층이 그만큼 노블레스 오블리주를 다하지 못한다는 의미이다.

영국의 왕자들은 전통적으로 해군에 입대하여 복무하는데, 이는 노블레스 오블리주 정신에 따른 것이다. 이런 전통에 따라 엘리자베스 2세도 제2차 세계대전 때 운전병으로 복무했다.

스웨덴이 세계 최고의 복지국가가 된 데에는 한 재벌가의 노블레스 오블리주가 큰 역할을 했다. 발렌베리 집안은 소유한 기업들이 스웨덴 국민총생산의 30%를 차지할 정도로 엄청난 부자이다. 하지만 1938년 이후로 이익의 85%를 세금으로 내고 있으며, 박물관·도서관·대학에 엄청난 액수를 기부한다.

우리나라 유한양행 창업주인 유일한 박사는 "기업의 소유주는 사회이다"라고 했다. 그리고 우리나라 최초로 주식을 직원들에게 아주 싼값으로 나누어 주었으며, 회사의 경영권을 자식이 아니라 전문 경영인에

1945년 공주의 신분으로 제2차 세계대전에 참전해 운전병으로 근무한 엘리자베스 2세.(위키피디아)

게 넘겼고, 전 재산을 재단과 사회에 남겼다.

2015년 페이스북의 CEO이자 세계 7위의 부자인 마크 주커버그는 자신이 가진 페이스북 지분의 99퍼센트(우리 돈 약 52조 원)를 살아 있는 동안 기부하겠다고 발표했다. 세계 1위 부자인 빌 게이츠, 2위인 워런 버핏도 재산의 대부분을 기부하기로 하고 재단을 만들어 운영하고 있다. 마크 주커버그 부부가 기부를 약속하면서 한 말을 들어보자.

"(내 딸이 사는 세상은) 지금보다 더 나은 세상이 되기를 바라며, 내 딸과 어린이들 모두에게 좋은 세상을 만들어 줄 큰 책임을 느낀다."

이렇게 사회의 이익을 위해 솔선수범하고 의무를 다하는 것이 바로 노블레스 오블리주일 것이다.

라울 발렌베리의 동상. 그는 스웨덴 발렌베리 가문 출신의 외교관이자 사업가이다. 제2차 세계대전 때 아우슈비츠로 끌려가는 유대인 수만 명을 구했다.

03

중용과 행복을 찾아서

아리스토텔레스의 목적론적 인간관

전쟁의 참상을 사진으로 찍어 사람들에게 널리 알리던 종군 기자가 있었다. 전쟁터에서 몇 번의 죽을 고비를 넘기고 적에게 잡혀 심한 고문을 받기도 했다. 그런데도 그는 자신의 행복을 위해서 종군 기자로 일했다고 말했다. 종군 기자의 이야기를 들어보자.

난 어릴 때부터 사진 찍기를 좋아했어.
부모님한테 받은 용돈을 차곡차곡 모아 사진기를 샀지.
(꽤 오랫동안 돈을 모아야 가장 싼 사진기를 살 수 있었어.)
책을 사서 사진 찍는 방법도 공부하고,

주변을 돌아다니며 열심히 사진을 찍었지.
사람들은 사진이 이야기를 건네는 것 같다며
내가 찍은 사진을 칭찬했어.

스무 살 무렵, 전쟁이 일어났어.
아프리카 어느 나라에 새 정부가 들어섰는데,
이를 반대하는 장군이 반란을 일으킨 거야.
같은 나라 사람들끼리 서로 죽고 죽이는 전쟁이 벌어졌어.
나는 종군 기자가 되어 전쟁터의 최전선으로 갔어.

자신의 키보다 두 배는 큰 대포를 이고 가는 군인과
죽은 동료의 시체를 부여잡고 울부짖는 군인,
다친 군인을 치료하는 군의관,
잠시 전쟁이 멈춘 틈을 타서 허겁지겁
밥을 먹는 군인…….

나는 쉴 새 없이 셔터를 눌렀어.

사람들에게 전쟁의 비참함과 끔찍한 상황을 알리려고.

어떤 사람은 나에게 무모하다고 했어.

하지만 수많은 군인들을 두고 혼자 뒤로 물러나고 싶지 않았어.

나의 목적은 오로지 하나였어.

사람들이 서로 죽이고 싸우는 것을 막는 것.

그리고 전쟁이 끝나는 것.

이제 종군 기자는 머리카락이 하얗게 셀 만큼 나이가 들었다. 그는 미소를 지으며 이렇게 말했다.

"나는 포탄이 쏟아지는 전쟁터에서 죽음을 무릅쓰고 사진을 찍어 사람들에게 전쟁의 참상을 알렸다. 많은 사람들이 내가 찍은 사진을 보고 전쟁이 끝나야 한다고 생각했을 것이다. 내 사진이 전쟁이 끝나는 데 작으나마 도움이 되었다면, 그것만으로도 행복한 삶을 살았다고 생각한다."

세상의 모든 것에는 목적이 있다 — 목적론적 존재론

아리스토텔레스는 세상의 모든 존재에는 태어난 목적이 있다고 생각했다. 이것이 바로 '목적론적 존재론'이다.

그리스 사람들은 돼지는 인간에게 고기를 주기 위해, 해는 따스한 햇볕을 주기 위해, 달은 시름을 덜어 주기 위해(그리스 사람들은 달을 보고 시를 지으며 시름을 달랬다!), 코는 숨을 쉬기 위해 존재한다고 생각했다.

그리스 사람들은 해와 조약돌, 모래알, 지렁이와 심지어 벼룩까지도 어떤 의미와 가치가 있다고 여겼다. 대개 인간이 어떤 행동을 할 때는 '목적'이 있다. 밥을 먹는 것은 배를 채우기 위해서, 추운 겨울날 두꺼운 외투를 입는 것은 추위를 막기 위해서처럼 말이다.

고등학생과 나눈 대화를 들어보자.

나: 왜 공부를 하니?

학생: 좋은 대학에 가고 싶어서요.

나: 왜 좋은 대학에 가고 싶니?

학생: 인생에서 더 많은 기회를 얻고 싶어서요.

나: 왜 인생에서 더 많은 기회를 얻고 싶니?

학생: 하고 싶은 것을 하기 위해서요.

나: 왜 하고 싶은 것을 하려고 하는데?

이렇게 끝없이 무엇을 하는 목적을 물어보면, 마침내 마지막 대답에 이르게 된다. "행복해지기 위해서"라고 말이다.

아리스토텔레스는 인간의 궁극적인(더할 나위 없는) 목적은 '행복'이라고 했다. 그렇다면 아리스토텔레스에게 이렇게 질문할 수 있을 것이다.

"아리스토텔레스, 어떻게 하면 행복해질 수 있나요?"

행복의 열쇠는 덕

아리스토텔레스는 행복의 답을 '덕'에서 찾았다. 아리스토텔레스가 말하는 덕은 동양에서 말하는 덕(德)과는 다르다. 동양에서 덕은 '도덕적으로 훌륭하다'는 뜻으로, 인격적이고 내면적으로 선하고 좋은 것을 말한다.

반면 아리스토텔레스가 말하는 덕은 아레테(arete), 즉 탁월성(excellent)이다. 다시 말하면 주어진 기능을 가장 잘 발휘하는 것이다.

쉬운 예를 들어 설명해 보자. 연필의 덕(아레테)은 글씨가 잘 써지는 것이다. 농사짓는 땅의 덕은 비옥해서 곡물이 잘 자라는 것이고, 젖소의 덕은 양질의 우유를 많이 만드는 것이다.

그렇다면 아리스토텔레스가 말하는 인간의 덕(아레테)은 무엇일까? 인간 역시 자신에게 주어진 기능을 잘 발휘하면 궁극적인 목적인 행복에 도달할 수 있다.

인간은 다른 동물과 달리 이성적인 존재이므로, 이성에 따라 행동할 수

연필의
아레테는?

젖소의
아레테는?

록 행복에 가까워질 가능성이 높아진다. 아리스토텔레스는 이성적인 사고를 극대화하여 '진리'를 추구하는 것이야말로 인간이 가질 수 있는 '최고의 덕'이라고 생각했다. 그래서 행복해지려면 덕에 바탕을 둔 생활을 해야 한다고 주장했다.

그런데 아직 의문이 풀리지 않는다. 과연 인간의 덕은 무엇을 말하는 것일까?

지나치지도, 모자라지도 않는

아리스토텔레스는 인간의 덕은 '중용'을 지키는 것이라고 믿었다. 행복하려면 중용의 덕을 지녀야 하며, 중용을 실천하는 사람은 행복할 수 있다는 것이다.

중용이라고 하면 딱 중간을 떠올리는 사람들이 있는데, 그런 뜻이 아니다. 중용은 지나치거나 모자라지 않되, 욕구나 감정에 좌우되지 않으며, 이성에 따라 자신의 능력을 조화롭게 발휘하는 것을 말한다.

이를테면 용기는 좋은 것이지만 지나치면 무모함이 되어 해를 입을 수 있는 반면, 용기가 부족하면 비겁해진다.

초등학생인 동생과 골목길을 가다가 상급생 5명이 돈을 뺏으려고 할 때, 혼자 도망치면 비겁한 것이다. 그렇다고 다짜고짜 혼자서 그들에게 달려들면 무모하다. 상급생 5명과의 몸싸움에서 이길 수는 없다.

이럴 때 중용은 동생의 손을 붙잡고 도망치거나, 안 되면 우선 돈을 주고 나중에 신고하는 것이다. 그러니까 무모하지도 않고 비겁하지도 않고, 어느 한쪽으로 치우치

인간의 아레테는?

지 않는 용기는 중용의 덕에 속한다. 아리스토텔레스에 따르면 지혜, 용기, 절제는 모두 중용의 덕이다.

무지
비겁
궁핍

부족함

지혜
용기
절제

완지
무모
사치

지나침

중용은 꾸준히 노력하고 날마다 실천해서 습관이 될 정도로 몸에 배어 익숙해져야 한다. 아침에 일어나면 세수하고 양치질하듯이, 습관처럼 온 몸에 배어야 중용을 발휘하여 덕을 갖출 수 있다.

아리스토텔레스는 갈등하거나 고민하지 않고, 저절로 중용의 덕을 실천할 수 있을 정도가 되어야 비로소 행복해질 수 있다고 했다.

중용은 플라톤이 말한 현실 세계 너머의 이데아처럼 절대적이고 변하지 않는 것이 아니다. 시대가 변하거나 상황에 따라 얼마든지 변할 수 있다.

플라톤이 영원히 변하지 않는 세계를 꿈꾼 이상주의자라면, 아리스토텔레스는 현실에서 행복을 찾으려고 한 현실주의자였다. 아리스토텔레스는 중용에 대해 이렇게 말했다.

"도덕적인 덕은 중용을 말한다.
중용은 너무 부족한 악덕과 너무 지나친 악덕 사이에 있다.

덕을 가진 사람이 되기가 어려운 것은
중용을 발견하기가 항상 어렵기 때문이다."

한편 아리스토텔레스도 소크라테스처럼 신을 모독했다는 죄로 처벌받을 위기에 처했다. 소크라테스는 독배를 마셔 죽음을 받아들였지만, 아리스토텔레스는 재판을 피해 다른 나라로 망명해서 목숨을 구했다. 이는 아리스토텔레스가 현실주의자였기 때문이다. 그러고는 "아테네 사람들이 '가장 현명한 자를 사형시켰다'는 죄를 두 번이나 짓게 할 수는 없다"라고 말했다고 한다.

윤리학의 아버지

아리스토텔레스는 플라톤과 소크라테스가 던진 "어떻게 살 것인가?"라는 오래된 질문에 답을 찾으려 했다.

아리스토텔레스는 궁극적인 삶의 목적을 '행복'이라고 생각했다. 행복은 쾌락과 도덕 사이에서 균형을 잃지 않는 중용을 실천하면 얻을 수 있다. 인간은 능동적인 존재로, 자신이 하고 싶은 것을 선택한다. 그리고 그 선택의 기준은 바로 행복이다.

『니코마코스 윤리학』에는 이런 생각이 잘 드러나 있다. 이 책은 아리스토텔레스가 죽은 후 아들인 니코마코스가 편집한 것으로, 모두 10권으로 되어 있다. 아리스토텔레스가 살았던 시대의 윤리가 어떠했는지 잘 보여준다. 『니코마코스 윤리학』은 서양 최초의 윤리학 책이다. 그래서 아리스토텔레스는 '윤리학의 아버지'라고도 불린다.

삼단논법

아리스토텔레스는 논리학의 창시자로 불리지만, 정작 논리학에 관해 쓴 책은 없다.

논리학은 그리스어의 Logos(말, 생각, 논리, 법칙)에서 온 말이며, 논리적으로 생각하는 원리와 법칙을 연구하는 학문이다. 사실 학문이라기보다는, 학문을 하기 위해 어떤 판단을 근거로 삼아 새로운 판단(결론)을 이끌어 내는(추론) 방법이다. 특히 아리스토텔레스는 유명한 삼단논법을 발전시켰다.

아리스토텔레스의 삼단논법

인간(A)은 생각하는 동물(B)이다.   – 대전제   A = B

한나(C)는 인간(A)이다.   – 소전제   C = A

→ 한나(C)는 생각하는 동물(B)이다.   – 결론   그러므로 C = B

'인간은 생각하는 동물이다(A=B)'와 '한나는 인간이다(C=A)'라는 명제를 합하여, '한나는 생각하는 동물이다(C=B)'라는 결론을 이끌어 낸다.

스승 플라톤을 넘어서

아리스토텔레스는 아테네 출신이 아니라 그리스 북쪽 변방의 마케도니아 출신이다. 그의 아버지는 마케도니아 왕인 필리포스 2세의 주치의였다.

아리스토텔레스는 17세에 플라톤이 가르치는 아카데메이아에 들어가 공부했고, 플라톤의 수제자가 되었다. 그래서 플라톤이 죽은 후 아카데메이아를 물려받을 줄 알았지만, 아테네 출신이 아니어서 뜻대로 되지 않았다.

아리스토텔레스는 실망하고 아테네를 떠나 소아시아 지역을 떠돌았다. 그러다가 마케도니아의 왕자 알렉산더의 스승이 되었다. 나중에는 아테네로 돌아와서 리케이온이라는 학당을 열었다.

아리스토텔레스는 스승인 플라톤에게 많은 영향을 받았다. 그도 "진리란 무엇인가?", "올바른 삶은 무엇인가?"와 같은 철학적인 질문에 대한 답을 찾으려고 했다. 그러나 나중에는 스승의 철학에서 벗어나 자신만의 독특한 철학을 세웠다.(뒤에 나오는 〈잠깐〉 코너에서 아리스토텔레스의 이러한 철학을 만날 수 있다.)

현실 세계로 눈을 돌리다

아테네 출신인 플라톤은 현실 세계와 이상 세계를 나눈 이원론자였다. 그는 이상적인 진리의 세계가 있다고 생각했고, 그것을 이데아라고 했다. 플라톤은 현실 너머의 완전한 세계인 이데아를 꿈꾼 이상주의자였다.

반면 그리스 북쪽 변방 출신인 아리스토텔

2006년 개봉된 미국 영화 「행복을 찾아서」. 크리스 가드너의 기적 같은 실화를 영화로 만든 것이다. 갑자기 노숙자가 된 크리스의 아들에 대한 사랑과 성공 이야기이다.
아리스토텔레스는 인간이 '행복하기 위해' 태어난 존재라고 했다. 언제, 어디서나, 어떤 상황에서도 행복을 찾자. 이 영화 속 가드너 부자처럼.

레스는 현실 세계를 중시한 일원론자였다. 스승 플라톤처럼 보편적인 지식이나 진리의 세계가 있다고 인정은 했지만, 변화하는 현실 세계에 더 큰 관심을 가진 현실주의자였다.

플라톤과 제자 아리스토텔레스의 차이는 15세기 르네상스 화가 라파엘로가 그린 「아테네 학당」에서도 확인할 수 있다. 이 그림에서 플라톤은 손가락으로 하늘(이데아)을 가리키고, 아리스토텔레스는 한손으로 허벅다리에 책을 받친 채 다른 손으로 땅(현실 세계)을 가리키고 있다.

플라톤과 아리스토텔레스의 사상은 그리스 철학의 커다란 두 줄기가 되었다. 그리고 서양 철학과 사회에 오랫동안 영향을 미쳤다.

이상 세계인 이데아를 추구한 플라톤, 현실에 주목한 아리스토텔레스, 둘의 철학은 서양 철학사에 균형을 이루었다고도 볼 수 있다.

현실 너머에 이데아가 있어.

현실에 발을 디뎌야죠.

이상주의자
플라톤

현실주의자
아리스토텔레스

잠깐

세계는 어떻게 구성되어 있는가 — 아리스토텔레스의 질료와 형상

플라톤은 세계를 현실 세계와 이데아로 나누고, 본질의 세계인 이데아를 추구했다. 조용한 서재 안에 앉아 세계의 본질을 탐구하는 철학자를 떠올려 보라. 플라톤은 머리로 생각하고 또 생각하여 이데아의 세계에 닿기를 바랐다.

하지만 아리스토텔레스는 우리를 둘러싼 현실 세계도 탐색했다. 스승의 영향을 받았지만, 현실의 물질을 중시해서 "물질은 어떻게 변화하고 운동할까?"를 알고 싶어 했다. 그래서 현실 세계를 맹렬히 탐구하고, 그것들을 일정한 범주로 분류하고 해석하려 했다. 연구를 거듭한 후, 아리스토텔레스는 현실 세계가 질료와 형상으로 이루어져 있다고 주장했다.

질료와 형상

질료와 형상이 무엇인지 예를 들어 살펴보자.

질료

무엇인가로 만들어질 수 있는 가능태

형상

질료로 만들어진 현실태

빵이 하나 있다고 하자. 빵의 재료는 밀가루이다. 아리스토텔레스에 따르면, 이때 밀가루는 무엇인가로 만들 수 있

는 재료인 질료이다. 그리고 빵은 밀가루라는 질료로 만들어진 형상

이다. 질료는 다양한 형상으로 나타날 수 있다. 이를테면 질료인 밀가

루는 형상이 빵이 될 수도 있고, 부침개가 될 수도 있다.

그렇다면 최초의 질료는 무엇일까?

빵의 질료는 밀가루이고, 밀가루의 질료는 밀이고, 밀의 질료는 씨앗

이다. 그렇다면 씨앗의 질료는? …… 아리스토텔레스는 이처럼 끊임

없이 질료를 찾아 내려가다 보면, 결국 어떤 형상도 없이 무엇인가로

만들어질 가능성만 있는 최초의 질료가 있을 거라고 생각했다. 이것

을 '제1질료'라고 한다.

그렇다면 최고의 형상은 무엇일까?

씨앗이 질료라면 나무는 형상이며, 질료인 나무가 나무집이 되고, 나

무집이 모여 마을이 되고, 마을이 모여 국가가 되고, 국가가 모여 지

플라톤:
생각하고 또 생각하여 진리의
세계인 이데아의 세계에
닿기를 바랐어.

아리스토텔레스:
현실의 온갖 것을 탐구하고
분류하고 해석하려 했어.

구가 되고, 태양계가 되고…….

아리스토텔레스는 이처럼 계속 형상을 찾아 올라 가면, 결국 어떤 질료도 없이 순수하게 형상만 있는 무엇인가가 있을 거라고 믿었다. 이를 '순수형상'이 라고 한다. 아리스토텔레스는 순수형상이 '신'이라 고 생각했다.

아리스토텔레스는 세계가 이처럼 질료와 형상이 다 양하게 결합하여 질서 있게 구성되어 있다고 믿었다.

아리스토텔레스는 만물박사였다. 철학뿐 아니라 천 문학, 물리학, 정치학, 논리학, 생물학, 윤리학 등 거의 모든 학문 분야에 관심을 가지고 연구했다. 그 래서 '학문의 아버지'라고도 한다.

아리스토텔레스는 현실 세계를 다양하게 탐구하고, 범주를 나누어 해석하고, 삼단논법을 통해 증명하 려 했다. 그의 철학과 학문 방법론은 후에 경험과 관찰을 중시하는 경험론과 자연과학의 밑거름이 되 었다.

잠깐

소크라테스와 아리스토텔레스의 비슷하지만 다른 답

소크라테스는 악의 근원이 '무지'라고 생각했다. 그래서 무지를 깨치는 것을 중시했다. 무지를 깨닫기만 하면 참된 진리를 찾아 행할 수 있다고 믿었기 때문이다. 그리고 무지를 깨치는 방법으로 산파술을 주장했다.

시험 때 부정행위를 하는 학생이 있다고 하자. 이 학생의 행동을 소크라테스의 윤리 철학적인 관점에서 살펴보자.

소크라테스는 이 학생이 '부정행위가 나쁘다'는 것을 알고 있었다면, 그런 짓을 하지 않았을 거라고 믿는 셈이다. 그런데 이 학생처럼 부정행위가 나쁜 짓인 줄 알면서도 저지르는 사람이 있다. 왜 나쁘다는 것을 알면서도 그런 짓을 할까?

소크라테스는 단순한 앎인 '분별지'와 참된 지식인 '진지'를 구별했다. 부정행위가 나쁜 행동임을 알면서도 저지르는 학생은 단순한 앎인 분별지를 가지고 있을 뿐이다. 참된 지식인 진지를 가지고 있지 않기에 알면서도 행동으로 옮기지 않는 것이다.

그러므로 영혼의 수련을 통해 무지를 자각하여 참된 진리를 안다면, 부정행위를 하지 않을 것이다. 이것이 소크라테스의 주장이다.

반면 아리스토텔레스는 사람이 안다고 해서 모두 행하는 것은 아니며, 알아도 행하지 않는 것은 의지가 부족하기 때문이라고 했다. 아리스토텔레스라면 부정행위가 올바르지 않음을 알 뿐만 아니라, 교육을 통해 습관화된 의지가 있어야 부정행위를 하지 않는다고 주장했을 것이다.

참된 자식을 알면 행동을 해.

습관화된 의지도 있어야 해요

소크라테스   아리스토텔레스

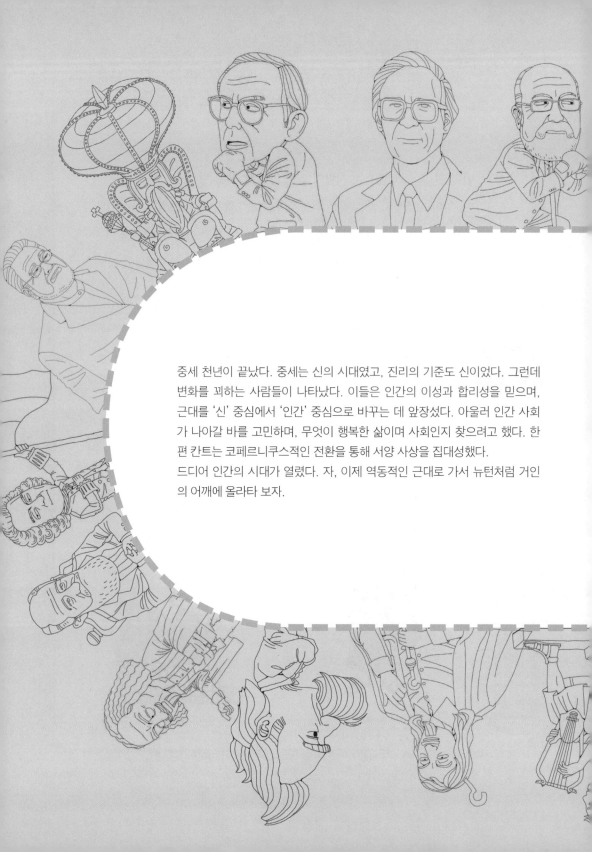

중세 천년이 끝났다. 중세는 신의 시대였고, 진리의 기준도 신이었다. 그런데 변화를 꾀하는 사람들이 나타났다. 이들은 인간의 이성과 합리성을 믿으며, 근대를 '신' 중심에서 '인간' 중심으로 바꾸는 데 앞장섰다. 아울러 인간 사회가 나아갈 바를 고민하며, 무엇이 행복한 삶이며 사회인지 찾으려고 했다. 한편 칸트는 코페르니쿠스적인 전환을 통해 서양 사상을 집대성했다.

드디어 인간의 시대가 열렸다. 자, 이제 역동적인 근대로 가서 뉴턴처럼 거인의 어깨에 올라타 보자.

2장

근대를 열다

경험하고, 또 경험하라

베이컨의 경험론

1580년 여름의 어느 날, 두 남자가 런던의 한 다리를 걷고 있었다. 다리의 양쪽으로 집과 상점이 빼곡히 늘어서 있다. 시커먼 먹구름이 몰려오고 있어서 두 남자는 발걸음을 재촉했다.

쏴아아아, 쏴아아아아. 갑자기 굵은 빗방울이 떨어지더니 비가 내리기 시작했다. 비가 억수같이 쏟아져 바닥은 온통 진흙투성이가 되었다.

우르릉 쾅쾅! 우르릉 쾅쾅! 천둥과 번개가 치기 시작했다. 한 남

 이 이야기는 베이컨의 우상론에서 설명되지 않는 자연현상을 인간과 연관지어 설명하는 '종족의 우상'에서 모티프를 따서 꾸민 것이다.

자가 황급히 근처에 있는 가게 처마 밑으로 뛰어가더니 웅크리고 앉아 바들바들 떨었다. 다른 사람이 물었다.

"자네, 왜 그러는가? 어디 아픈가?"

"내, 내가 벼락 맞을 짓을 했나 봐. 그러니까 이렇게 천둥 번개가 치지."

다음 날은 비가 그치고 햇볕이 내리쬐는 맑은 날이었다. 밤이 되자, 두 남자는 마당에서 차를 마셨다.

"런던 날씨는 참으로 얄궂네. 어제는 그렇게 비가 쏟아지더니, 오늘은 이렇게 별이 보일 만큼 날씨가 맑지 않은가!"

"그러게 말이야. 천둥에 번개까지 쳐서 깜짝 놀랐다니까."

문득 하늘을 올려다보니 별똥별이 떨어지고 있었다.

"저 별 좀 보게. 무척 아름답지 않나?"

한 남자가 말했다. 그러자 다른 남자가 화들짝 놀라며 자리에서

벌떡 일어났다.

"한가한 소리를 하는군. 별이 떨어지는 걸 보고 아름답다니…….
별이 떨어지는 건 곧 사람이 죽는다는 뜻이야."

"무슨 말인가?"

"점성술에서 별이 떨어지면 사람이 죽는다고 하거든. 큰일 났네,
큰일!"

두 남자의 대화가 코미디처럼 들릴 것이다. 오늘날 보기에는 말
도 안 되는 이야기이지만, 지금으로부터 430여 년 전 사람들은 대
부분 이렇게 믿었다. 중세 사람들은 천둥이나 번개가 치고 폭풍이
치는 등 설명하기 어려운 자연현상을 인간과 관련지어 설명했다.
또 별의 위치나 움직임을 보고 길흉을 점치는 점성술을 믿었다. 중
세 사람들은 왜 그랬을까?

근대 철학자 베이컨은 이렇게 답했다.

"우상에 사로잡혀 있기 때문이오."

네 가지 우상

영국 철학자 프랜시스 베이컨(Francis Bacon, 1561~1626)이 살았던
16~17세기에는 과학이 빠르게 발전했다.

중세에는 '신'이라는 절대적인 존재로 모든 것을 설명하려 했고,
교황의 말이 진리였다. 그런데 16세기가 되자 코페르니쿠스가 지구
가 태양을 돈다는 지동설을 발표했다. 17세기에 뉴턴은 만유인력의
법칙을 발견했다. 거울, 굴뚝, 유리창, 온도계, 망원경 등의 발명은

사람들의 생활을 크게 바꾸었다. 항해술도 발전했다.

　베이컨은 과학의 힘을 굳게 믿었다. 그래서 『뉴 아틀란티스』라는 책에서는 씨앗 없이 재배하는 식물이라든가 에너지를 쓰지 않는 기계 등 과학의 힘으로 만든 낙원을 꿈꾸기도 했다.

　중세에는 교황의 말이나 성경에 쓰인 말이 진리라고 생각했기 때문에, 하느님 말고 굳이 다른 진리를 찾을 필요가 없었다. 하지만 근대에 접어들면서, 베이컨은 '진리를 알아내기 위한 방법'으로 귀납법을 내놓았다. 귀납법이란 경험과 관찰을 통하여 진리를 찾는 것이다.

　하지만 중세 천년 동안의 경험으로 인해 베이컨이 살던 시대에도 사람들이 무수히 많은 편견을 가지고 있었다. 이래서야 진리를 찾을 수 있겠는가? 과학이 발전하겠는가? 그래서 베이컨은 이러한 선입견과 편견을 '우상'이라고 부르고, 네 가지로 정리했다.

베이컨이 묘사한 '뉴 아틀란티스'를 그린 상상도 중 일부.
베이컨의 『뉴 아틀란티스』에는 하늘을 나는 장치, 농작물이나 가축, 과실을 크게 만드는 법, 원거리 소리 전달 장치, 잠수함 등에 대한 아이디어도 등장한다.

종족의 우상

　종족의 우상은 모든 것을 인간 중심으로 해석하는 편견을 말한다. 인간의 감각이 불완전하기 때문에 하는 착각, 혹은 설명되지 않는 자연현상을 인간과 관련지어 해석하려는 태도를 가리킨다.

　예를 들어 "종달새가 노래한다"라고 말하지만, 사실 종달새는 노래할 수 없다. 그런데도 사람들은 종달새를 의인화하여 '노래한다'고 생각한다. 주변에서 일어나는 모든 일이나 사물을 인간의 차원에서 바라보기 때문에 이런 편견이 생긴 것이다.

　그러므로 앞의 이야기에서 '번개가 치는 것은 벼락 맞을 짓을 했기 때문'이고, '별이 떨어지면 사람이 죽는다'라고 믿은 사람은 종족의 우상에 빠져 있는 것이다.

동굴의 우상

　동굴의 우상은 개인의 성향 때문에 생기는 편견을 말한다. 어두컴컴한 동굴 안에 있으면, 동굴 밖의 세계를 제대로 알지 못한다는 데서 붙여진 이름이다. 한마디로 '우물 안 개구리'라는 말이다.

　동굴의 우상은 중세 시대 장원* 중심의 사고를 비판한 것이다. 중세 사람들은 장원에서 태어나 장원에서 살다가 장원에서 죽었다. 장원에 사는 영주, 기사, 농노는 자신들이 속한 장원을 세상의 전부로 알고 살았다.

 장원은 중세 영주가 소유한 토지이다. 장원의 중심부에는 영주가 사는 성이 있고, 그 주변에 농민들이 사는 농가가 있었다. 영주는 장원이라는 작은 세상의 우두머리로서 절대적인 권력을 휘둘렀고, 사람들은 장원 내의 질서와 계급에 복종했다.

시장의 우상

시장의 우상은 언어 때문에 생기는 편견이다. 사람들이 많이 모이는 시장에서는 수많은 말들이 오간다. 그런데 언어 자체가 편견을 만들기도 한다. 예를 들어 인어나 용, 여의주는 실제로는 존재하지 않는다. 인간이 상상한 것을 언어로 표현한 단어일 뿐이다. 그런데 어떤 사람들은 '인어'라는 단어가 있는 것처럼, 실제로도 '인어'가 있다고 믿었다. 시장의 우상은 이처럼 단어에 해당하는 대상이 실제로 존재하는 듯 착각하는 것을 가리킨다.

극장의 우상

극장의 무대 위에서는 모든 것이 멋지고 그럴듯해 보인다. 무대는 무대 위에 선 사람에게 '권위'를 부여한다. 극장의 우상이란 기존의 이론이나 특정인의 권위에 기대는 편견을 말한다.

중세에는 가장 권위 있는 사람이 교황이었다. 그래서 교황이 "지구는 평평하다"라고 하면 사람들은 그 말을 그대로 믿었다. 권위 있는 교황의 말이기에 당연히 옳다고 생각했던 것이다.

우상을 어떻게 깨뜨릴까?

베이컨은 경험과 관찰을 통해 우상을 깨뜨릴 수 있다고 믿었다. 교황의 말처럼 지구가 평평하다면, 항구로 들어오는 배는 수평선 너머에 나타날 때부터 배의 전체 모습이 보여야 한다. 그런데 실제로 관찰해 보면, 항구로 들어오는 배는 처음에는 가장 윗부분만 보이고 점점 아랫부분이 드러난다.

이처럼 사람들은 눈으로 직접 관찰하고 여러 번 같은 상황을 실험하면서 '지구가 평평하다'는 선입견과 편견에서 벗어났다. 지구가 둥글다는 것을 알게 되자, 사람들은 배를 타고 신대륙을 찾으러 나섰다. 지구가 둥글기 때문에 앞으로 계속 나아가면, 결국 원래 있던 곳으로 돌아올 수 있다고 믿게 된 것이다.(지구가 평평하다고 생각했을 때는 배를 타고 끝까지 가면 결국 벼랑에서 떨어진다고 생각했다.) 선입견과 편견에서 벗어난 경험과 관찰이 유용한 지식을 준 것이다.

베이컨은 이처럼 경험과 관찰을 중요하게 여기는 새로운 학문의 방법론을 내놓았다. 그래서 베이컨을 '근대 과학의 선구자'라고도 한다.

새로운 학문 방법론, 귀납법

베이컨 시대의 사람들은 그리스 철학자인 아리스토텔레스의 철학에 지나치게 집착했다.(아리스토텔레스의 철학은 중세에도 위세가 대단했다.) 사람들은 아리스토텔레스의 삼단논법으로 모든 이론을 설명하고, 과학에서도 삼단논법으로 원리와 법칙을 발견하려 했다.

아리스토텔레스의 삼단논법은 학문에서 결론을 이끌어 내는 좋은 방법이지만, 약점도 있다. 삼단논법은 대전제에서 소전제와 결론을 이끌어 낸다. 그러므로 대전제가 틀리면 결론도 틀릴 수밖에 없다.

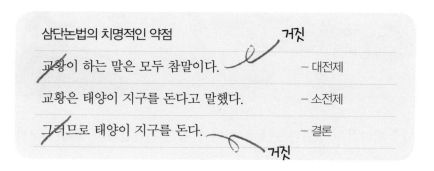

삼단논법의 치명적인 약점

거짓

교황이 하는 말은 모두 참말이다. — 대전제

교황은 태양이 지구를 돈다고 말했다. — 소전제

그러므로 태양이 지구를 돈다. — 결론

거짓

위의 예에서 '교황이 하는 말은 모두 참말이다'라는 대전제가 잘 못되었다. 교황도 인간인데, 교황이 하는 말이라고 무조건 참말일 수는 없지 않은가. 이처럼 대전제가 틀리니 '태양이 지구를 돈다'는 잘못된 결론이 나왔다.

베이컨은 삼단논법을 맹신하면서 관찰과 검증도 없이 모든 학문의 결론을 이끌어 내는 사람들을 '학문의 병'에 걸렸다고 비판했다.

또한 삼단논법으로는 자연의 진리를 찾을 수 없다고 주장했다. 그리고 대전제에서 출발해 결론을 이끌어 내지 말고(대전제→소전제→결론), 개별적인 사례에 대한 관찰과 실험을 통해 일반적인 원리와 법칙을 발견해 내자고 했다(소전제→대전제). 이를 귀납법이라고 한다.

예를 들어 보자. 백조를 한 마리, 한 마리씩 관찰해 보았더니, 무려 1,000마리가 흰색이었다. 그러면 '모든 백조는 흰색이다'라는 결론을 내리게 된다. 귀납법은 이처럼 소전제로부터 대전제를 이끌어 낸

다.[*] 베이컨은 경험과 관찰을 통해 선입견과 편견에서 벗어나 진리에 도달할 수 있다고 믿었다.

베이컨은 진정한 지식을 얻기 위해서는 예전의 철학자들에 의지

베이컨의 귀납법

백조 1	관찰 · 실험 → 흰색	– 소전제
백조 2	관찰 · 실험 → 흰색	
백조 3	관찰 · 실험 → 흰색	
백조 4	관찰 · 실험 → 흰색	
⋮		
백조 1,000	관찰 · 실험 → 흰색	

결론: 백조는 흰색이다.　　　　　　– 대전제

 그런데 1,000마리가 백조였다고 하더라도, 1,001마리째에 흑조가 발견될 수도 있다. 이처럼 귀납법에도 치명적인 약점이 있다. 이 부분은 데카르트의 연역법을 설명할 때 자세히 살펴보자.

할 것이 아니라, 이 세상에서 실제로 일어나는 일을 꾸준히 관찰하고 실험해서 검증해야 한다고 주장했다.

근대 철학의 선구자

중세 철학은 성경에 기초해서 세상을 설명하고 해석했다. 하느님이 인간을 창조했기에 인간이 존재한다고 생각했다. 중세는 '믿는 것이 힘'이었다. 그런데 베이컨은 "아는 것이 힘이다"라고 주장했다.

"인간의 지식이 곧 인간의 힘이다.
 원인을 알지 못하면, 어떤 결론에도 이르지 못한다."

베이컨은 아는 것의 주체가 인간이라고 주장했다. 드디어 '신' 중심에서 '인간' 중심으로 바뀐 것이다.

베이컨은 모든 지식은 경험과 관찰에 기초를 두어야 한다고 주장한 경험론자이다. 또한 우상론을 통해 중세적인 사고를 깨고, 새로운 학문 방법론으로 귀납법을 주장했다. 이러한 그의 철학은 당시 활발하게 일어나던 근대 과학의 발전에 큰 영향을 미쳤다. 그래서 베이컨을 '근대 철학의 선구자', '근대 과학의 선구자'라고도 한다.

전하는 말에 따르면, 베이컨은 관찰과 실험을 통해 결론을 내려야 한다는 자기의 생각을 실천하다가 죽었다고 한다. 그는 차가운 눈이 얼마나 오래 부패를 막을 수 있을지 궁금했다. 그래서 닭 한 마리를 사서 배를 가른 후 눈에 파묻고는 시간을 쟀다. 하지만 추운 날 눈밭을 돌아다니는 바람에 감기에 걸려 죽고 말았다고 한다.

05

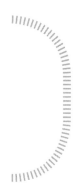

의심하고, 또 의심하라

데카르트의 합리론

작고 아담한 농장의 주인이 시장에서 칠면조를 사 왔다. 농장에 팔려 온 칠면조는 모든 것이 낯설고 두려웠다. 농장에 칠면조는 한 마리 뿐이었다. 그러니 무슨 일이 일어날지 다른 칠면조에게 물어 볼 수도 없었다.

다음 날 아침 9시, 농장 주인이 종을 치고는 칠면조에게 모이를 주었다. 다음 날, 그다음 날도, 농장 주인은 아침 9시가 되면 어김없이 종을 치고 모이를 주었다. 바람 부는 날이나 해가 쨍쨍 내리쬐는 날에도 똑같았다.

곧 칠면조는 농장 생활에 완벽하게 적응했다. 아침 9시가 되어 종이 울리면 모이를 먹고, 하루 종일 농장을 맘껏 돌아다니며 뛰어놀 았다.

"괜히 걱정했잖아."

하지만 얼마 지나지 않아 칠면조의 생각이 틀렸음이 드러났다.

추수 감사절 전날, 다른 날과 똑같이 아침 9시에 종이 울렸다. 칠면조는 모이를 먹으러 잽싸게 뛰어갔다. 하지만 칠면조는 모이를 먹지 못했다. 추수 감사절에 쓰려고 농장 주인이 칠면조를 잡았기 때문이다.

칠면조는 자신이 직접 경험한 것을 바탕으로 다음과 같은 결론을 내렸었다. '나는 항상 아침 9시가 되면 모이를 먹고, 이 농장에서 편히 지내겠구나.'

하지만 이 결론은 추수 감사절 전날까지만 통했을 뿐이었다. 농장 주인은 추수 감사절에 칠면조 구이를 만들려고 칠면조를 사 왔고, 통통하게 살을 찌우기 위해 매일 아침 9시에 먹이를 주었던 것이다.

이처럼 보고 듣는 것이나 자신의 경험으로만 결론을 내리면 잘못될 가능성이 있다. 진리를 찾는 것도 마찬가지이다. 데카르트의 이야기에 귀를 기울여 보자.

세상을 인식하는 세 가지 관념

프랑스의 철학자 르네 데카르트(René Descartes, 1596~1650)는 우리의 감각을 통한 경험과 관찰만으로는 진리를 알 수 없다고 생각했다. 그리고 진리를 알려면 '확고한 인식의 토대'가 필요하다고 했다. 그렇다면 인식이란 무엇일까?

세계를 둘로 나누면 무엇과 무엇으로 나눌 수 있을까? 철학적인 관점에서는 '나'와 '나 이외의 모든 것'으로 나눌 수 있다. 이때 나는 주체, 나 이외의 모든 것을 객체라 한다. 다시 말하면 객체란 대상이라고 할 수 있다.

세계

나

인식이란 우리를 둘러싼 객체인 대상을 아는 일이다. 인식은 지식과 뜻이 비슷하지만, 지식은 이미 알고 있는 것이고, 인식은 이미 알고 있는 것뿐 아니라 '아는 작용'을 함께 포함하는 개념이다.

데카르트는 우리가 외부 세계를 3가지 관념을 통해 인식할 수 있다고 생각했다.

예를 들어 보자. 노란색 분필이 있다. 그런데 이 분필이 정말 노란색일까? 빨간색 불빛을 비추면 분필이 주황색으로 보이고, 파란색 불빛을 비추면 초록색으로 보인다. 깜깜한 곳에서는 검은색으로 보인다.

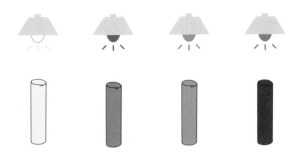

    분필이 노란색으로 보이더라도 정말 노란색인지 끊임없이 의심해야 한다. '노랗다'는 속성은 어디에 있을까?

    분필이 깜깜한 곳에서는 검은색으로 보이는 것으로 보아, '노랗다'는 속성은 분필에 있는 것이 아니다. '노랗다'는 속성은 바로 우리의 머릿속에 있다. 이것을 본유 관념이라고 한다. 본유 관념은 우리가 태어나면서부터 가지고 있는 관념이라는 뜻이다.

    이와 달리 외래 관념이란 외부의 사물에 의해 마음속에 생기는 관념이다. 귀로 듣는 소리, 입으로 느끼는 맛, 피부로 느낄 수 있는 온도 등. 이것들은 외부의 사물에 대한 감각에 의해 만들어진다.

    마지막으로 인위 관념은 현실에 실제로 존재하지 않는 것에 대한 관념이다. 용, 인어, 사랑, 열정, 우정 등이 이에 속한다.

또 하나의 학문 방법론, 연역법

    데카르트는 인간이 확고한 인식의 토대를 가지려면, 일단 모든 것을 의심해야 한다고 생각했다. 그래야 진정으로 아는 것이 무엇인지, 그것이 참인지 알 수 있기 때문이다.

그래서 데카르트는 알고 있는 모든 것을 의심하기 시작했다. 모든 것을 끊임없이 의심하며 진리를 찾아 나선 것이다.

먼저 데카르트는 인간의 감각을 의심했다. 베이컨과 같은 경험론자들은 감각과 경험을 통해 진리를 알 수 있다고 했는데, 정말 그럴까?

연필을 물이 담긴 유리컵에 넣으면, 연필이 구부러져 보인다. 하지만 정말로 연필이 구부러진 것은 아니다. 다만 그렇게 보일 뿐이다. 감각은 이처럼 얼마든지 우리를 속일 수 있다.

경험론자인 베이컨은 경험과 관찰을 통한 귀납법으로 진리를 알수 있다고 주장했다. 귀납법은 백조를 수백, 수천 마리를 관찰하고 (경험), '모든 백조는 흰색이다'라는 결론을 내린다.

그런데 데카르트는 '모든 백조가 흰색'이라는 경험적인 진리는 확률적인 진리에 불과하며 우연이라고 생각했다. 마침 관찰자가 본 백조가 흰색이었을 뿐, 이를 토대로 '모든 백조가 흰색'이라고 결론을 내릴 수는 없다는 것이다.

그러므로 데카르트는 경험과 관찰, 귀납법으로는 진정한 진리를 찾을 수 없다고 주장했다. 그리고 진리를 찾는 방법으로 아리스토텔레스의 삼단논법에서 나온 연역법을 주장했다. 연역법이란 변하지 않는 확실한 명제(대전제)를 바탕으로 삼아서 새로운 결론(판단)을 논리적으로 이끌어 내는 방법이다.

하지만 앞에서 살펴보았듯이, 삼단논법은 대전제가 잘못되면 결론도 잘못된다.

'교황이 하는 말은 모두 참말'처럼 대전제가 거짓이면, '태양이 지구를 돈다'는 거짓 결론이 나온다. 그래서 데카르트는 대전제가 옳은지 끊임없이 의심해야 참된 논리를 찾을 수 있다고 생각했다. 그리고 확실한 지식(대전제, 대명제)을 찾아 나섰다.

모든 것을 의심하라 – 방법적 회의

데카르트는 가장 확실한 지식을 알기 위해 모든 것을 의심하기 시작했다. 어떤 것도 확실하다고 여기지 않았다. 확실한 지식을 찾기 위해 모든 것을 철저하게 의심했다. 이를 방법적 회의라고 한다. 철학에서 '회의'라는 말은 '의심을 품다'라는 뜻이다.

"연필을 물이 담긴 유리컵에 넣으면, 연필이 구부러져 보여. 멀쩡한 연필인데……. 이처럼 나의 눈이, 감각이 나를 속일 때도 있어."

"나는 현실 세계에서 살고 있지. 그런데 (영화 「매트릭스」처럼) 내가 살고 있는 이 세계가 실재가 아니고, 사실은 누군가가 만든 가상 세계를 현실로 착각하고 있는 건 아닐까? 또는 내가 꿈속 세계를 현실 세계로 착각하며 살고 있는 것은 아닐까?"

"세상에 확실한 것은 아무것도 없어. 모든 것이 의심스러워!"

그런데 감각과 자연의 법칙, 나아가 세상의 모든 것이 의심스럽더라도, 의심할 수 없는 것이 하나 있다. 바로 '모든 것을 의심하는 나'라는 존재이다. 데카르트의 말을 직접 들어 보자.

"끝없이 의심한 끝에, 나는 한 가지 사실을 발견했다.
분명한 것은 내가 의심하고 있다는 사실이다.
그리고 내가 의심한다는 것은 내가 생각하고 있기 때문이다."

여기서 데카르트의 유명한 대명제가 탄생한다.

"나는 생각한다. 그러므로 존재한다(Cogito ergo Sum)."

이 명제는 근대적인 사고의 출발점이 되었다. 신이 아닌 '인간'의 이성으로 진리를 찾아 나서게 되었기 때문이다.

생각하는 인간의 힘

데카르트는 프랑스의 부유한 귀족 집안에서 태어났으며, 수학자이자 과학자이며 철학자였다. 17세기는 여러 철학자와 과학자 들이 근대적인 세계관을 세우는 데 크게 기여한 시대이다. 그래서 이 시대를 '천재의 시대'라고도 한다. 데카르트도 '유럽의 천재'라고 불렸으며 뛰어난 업적을 남겼다.

정리해 보면, 데카르트는 경험론자인 베이컨과 더불어 근대적인 사고의 기틀이 되는 합리성의 밑바탕을 마련했다.

중세에는 성경과 신이 진리의 기준이었다. 그런데 경험론자인 베이컨은 감각과 경험을 중시하는 경험론과 귀납법으로 근대 철학의 문을 열었다.

반면 데카르트는 끊임없이 의심하며 사유하는 방법적 회의와 연역법을 통해 합리론의 밑바탕을 세움으로써 근대 철학의 문을 열어젖혔다.

베이컨과 데카르트의 사상은 중세적인 사고와 선입견에 얽매인 인간의 이성을 자유롭게 풀어 주었다. 또한 이성과 합리적인 사고로 진리를 추구하는 길을 열었다. 드디어 인간은 신의 뜻과 말이 아니라 인간의 이성에 대해 확신하고, 근대를 향해 힘차게 나아가게 되었다.

06

인간은 늑대다

홉스의 사회계약설

　'밀림의 왕자'라 불리는 사자는 수사자 한 마리와 여러 마리의 암사자, 그 새끼들이 무리를 이루어 살아간다. 낮에는 나무그늘을 찾아 낮잠을 자고, 저녁이 되면 일어나서 사냥을 한다.

　먼저 망을 보는 암사자가 얼룩말 무리를 살피고, 무리에서 떨어져 나오는 얼룩말이 있으면 추격을 담당하는 암사자들이 맹렬히 뒤를 쫓는다. 그러다가 추격하는 암사자들이 지칠 무렵, 숨어 있던 다른 암사자들이 얼룩말을 덮쳐서 잡는다.

　사냥이 끝나면 어디선가 수사자가 나타나 얼룩말을 먼저 먹는다. 그다음엔 사냥한 암사자들이, 그리고 마지막으로 새끼들이 먹는다.

암사자들이 힘들게 사냥해 놓은 먹이를 먼저 먹고 사라지는 수사자가 얄밉게 보일 법도 하다.

그러나 수사자도 하는 일이 있다. 무리가 생활하는 영역을 알리고 지킨다. 큰 소리로 울부짖어 다른 무리의 사자들이 다가오지 못하게 경고하거나, 침략자가 있으면 무리를 지키기 위해 싸운다. 떠돌아다니던 젊은 수사자가 우두머리 수사자와 싸우기도 한다. 젊은 수사자가 이기면, 큰 소리로 울부짖어 새롭게 우두머리가 되었음을 알린다.

새로 우두머리가 된 젊은 수사자가 가장 먼저 하는 일은 죽은 수사자의 새끼들을 모두 죽이고, 암사자들을 차지하는 것이다. 암사자는 새끼들이 어느 정도 자랄 때까지는 새로운 새끼를 가지지 않으므로, 젊은 수사자는 자신의 새끼를 가지게 하기 위해 예전 우두머리의 새끼들을 죽이는 것이다.

이런 일이 동물의 세계에만 일어날까?

대답은 '아니오'이다.

기원전 5세기 무렵, 고대 그리스는 황금기를 맞이했다. 예술가와 건축가가 멋진 건물과 조각품을 만들었고, 철학자는 인간과 진리에 대해 토론했다.

그리스 상인들은 주변 나라들을 돌아다니며 노예들을 잡아들였다. 예술가와 건축가가 계획한 건물과 거리를 건설하려면, 엄청난 노동력이 필요했기 때문이다. 또한 철학자와 과학자가 학문을 연구하고 시민들이 직접 민주주의를 하려면, 육체노동을 하거나 집안일을 대신할 노동력도 필요했다. 노예가 그리스 인구의 4분의 1이나 되었다니, 얼마나 많은 사람들을 노예로 잡아갔는지 짐작이 간다.

노예로 잡힌 사람들은 노예 시장으로 끌려가 전시되었고, 말이나 소처럼 팔려 나갔다. 노예 시장에서 노예로 팔린 가족들은 뿔뿔이 흩어졌고, 죽을 때까지 서로 만나지 못했다.

노예들은 아침 일찍부터 저녁 늦게까지 힘들게 일했고, 주인의 말에 복종해야 했으며, 말을 듣지 않으면 채찍으로 맞거나, 컴컴한 지하에 갇히거나 다른 곳으로 팔려 나갔다. 심지어 죽임을 당하는 노예도 있었다. 노예들에게 '인간으로서의 존엄'은 없었다. 왜 인간은 다른 인간을 노예로 삼았을까? 홉스라면 이렇게 말했을 것이다.

만인에 대한
만인의 늑대 상태

"인간의 본성은 악하기 때문이다."

만인에 대한 만인의 투쟁

17세기 영국의 정치 사상가이자 철학자인 토머스 홉스(Thomas Hobbes, 1588~1679)는 인간의 본성이 이기적이고 악하다고 생각했다. 그래서 자연 상태에서는 규범도, 윤리도 없었으며, 안전하지 못했다고 여겼다. 그런 상태에서는 사람들이 살아남기 위해 힘을 과시하고 서로 싸운다. 홉스는 이 상태를 "만인에 대한 만인의 투쟁 상태" 혹은 "만인에 대한 만인의 늑대 상태"라고 했다.

사람들은 불안전한 자연 상태에서 벗어나기 위해 서로 해치지 않겠다고 사회적으로 계약을 맺었다. 이제 계약을 맺은 사회 상태에서는 규범과 윤리가 생겨서 비로소 안전을 보장받을 수 있었다. 이것이 홉스의 사회계약설이다.

홉스는 사회 상태가 자연 상태보다 무조건 선하다고 생각했다. 홉스에게 선악의 판단 기준은 '안전한가, 안전하지 못한가'였으므로, 안전한 사회 상태는 불안전한 자연 상태보다 선하다고 믿었다.

왕은 나쁘더라도 필요하다

그런데 사회 상태에서 서로를 해치지 않겠다고 한 약속을 깨면 어떻게 될까? 사람들은 다시 살아남기 위해 끊임없이 싸우는 불안전한 자연 상태로 돌아갈지도 모른다.

그래서 홉스는 다음과 같은 해답을 내놓았다.

"계약을 한 당사자보다 훨씬 더 강력한 존재,
즉 막강한 힘을 가진 왕이 나타나 계약을 깬 사람을 처벌해야 한다."

홉스는 강력한 왕이 규범과 윤리를 어긴 사람을 처벌하면, 다시 안전한 상태로 돌아갈 수 있다고 믿었다. 그러므로 왕에게 절대적

인 권력을 주고 복종해야 한다고 주장했다.

　그런데 왕은 항상 옳을까? 왕이 부당한 명령을 내리면 어떻게 해야 할까?

　홉스는 왕이 부당한 명령을 내리더라도 복종해야 한다고 주장했다. 부당한 명령에도 복종하라니 불합리한 듯 보인다. 하지만 홉스는 아무리 왕이 부당한 명령을 내리더라도, 왕이 있는 사회 상태가 자연 상태보다는 안전하다고 생각했다. 그래서 왕에게 모든 권력이 있는 절대왕정이 이상적인 국가의 형태라고 믿었다.

　홉스는 왕이 부당한 명령을 내릴 수도 있다는 면에서는 악마 같은 존재이지만, 불안전한 자연 상태로 돌아가지 않으려면 꼭 있어야 하는 필요악이라고 여겼다.

　"왕은 악마다. 하지만 필요하다."

홉스가 쓴 『리바이어던』은 근대 정치 철학의 밑바탕을 마련했다고 평가받는다.

리바이어던은 『구약성서』의 「욥기」에 나오는 바다 괴물로, 몸집이 아주 크고 입에서 불을 내뿜으며 난폭하다. 홉스는 왕을 리바이어던에 비유했다.

책 표지에서 왕은 한 손에 칼을 들고, 다른 손에는 지팡이를 들고 있는 모습으로 그려졌다. 칼은 정치적인 지배자임을 보여 주며, 지팡이는 종교적인 권위를 상징한다. 왕이 정치와 종교에 대해 모든 권리를 가지고 있다는 뜻이다.

왕의 몸에는 물고기의 비늘 같은 것이 덮여 있는데, 자세히 들여다보면 비늘이 아니라 수많은 사람들의 모습이다! 이는 왕의 막강한 권력도 국민의 동의를 받아야 얻을 수 있다는 의미이다.

홉스의 논리는 독재자를 옹호할 수 있다는 치명적인 약점이 있다. 안전은 선이고 불안은 악이라고 생각하여, 안전을 위해서라면 부당한 왕도 받아들여야 한다고 주장했기 때문이다. 독재자라도 안전을 보장해 주면 인정해야 한다는 것이다.

『리바이어던』의 표지. 왕이 손에 든 칼은 정치적인 지배자임을 보여 주며, 지팡이는 종교적인 권위를 상징한다.

로크의 자연법 사상과 저항권

17세기 영국의 철학자 존 로크(John Locke, 1632~1704)는 홉스의 성악설을 부정했다. 그는 인간은 날 때부터 악한 존재가 아니라고 생각했다. 또한 인간이 생명, 자유, 재산에 대한 자연권을 가지고 자유롭고 평등하게 태어났다고 주장했다.

자연권은 인간이 날 때부터 저절로 가지게 되는 권리(천부인권)이다. 인간이기에 시대나 장소에 상관없이 당연하게 누리는 권리로, 자기 보존이나 자기 방어, 자유나 평등의 권리 등이 있다.

로크는 부르주아°가 모든 권력을 왕에게 넘긴 것은 아니라고 주장했다. 즉, 왕에게 권력의 일부만 넘겼을 뿐, 자연권처럼 타고난 권리는 넘겨주지 않았다는 것이다.

그러므로 왕이 국민의 안전과 행복을 위해 하는 행동은 인정하지만, 자연권을 침해하는 것은 인정할 수 없다. 왕이 자연권을 침해한다면 국민은 저항권을 행사해야 한다. 즉, 국가가 개인의 권리를 부당하게 침해한다면, 이에 저항하여 정부를 새롭게 만들 권리가 있다는 것이다.

 부르주아는 근대 사회에서 자본가 계급에 속하는 사람들이다. 반대말은 노동자 계급.

옳지 않다면 저항권을

1987년 6월 9일, 연세대 경영학과 2학년인 이한열 학생은 연세대 정문 앞에서 1,000여 명의 학생들과 함께 시위를 하다가 경찰이 쏜 최루탄을 맞고 숨졌다.

분명 이한열 학생이 참여한 시위는 제5공화국의 '집회 및 시위에 관한 법률'을 위반한 것이었다. 하지만 우리는 그를 범법자라고 하지 않는다.

당시 대통령인 전두환은 1979년 12월 12일 쿠데타를 일으켜 정권을 잡았고, 이듬해인 1980년 국민의 직접선거가 아니라 대통령 선거인단의 투표로 대통령이 되었다. 1987년에는 대통령을 직접 뽑도록 헌법을 바꾸지 않겠다고 발표했다. 이에 분노한 학생과 시민들은 대통령 직선제와 민주화를 요구하며 시위를 벌였다. 이를 '6.10항쟁'이라고 한다. 그때의 시위와 항쟁이 없었다면, 지금도 대통령을 국민의 손으로 직접 뽑지 못했을 수도 있다.

이한열 학생은 우리에게 가장 소중한 자유와 민주주의를 지키고자 시위에 참여했다. 즉, 정부에 인간이 날 때부터 가진 자연권을 보장하라고 요구하고, 그러지 않는 정부에 대해 정당한 저항권을 행사한 것이다. 이러한 저항권의 개념을 세웠던 철학자가 바로 존 로크이다.

07

자연으로 돌아가라

루소의 사회계약설

태어나서부터 다섯 살까지

으앙!

내가 태어났어요!

음, 아버지가 없으면?
이상적인 교사가 길러요.

시골에서 자라요.

다섯 살부터 열두 살까지

역사가 뭐죠?
철학이 뭐예요?

이해할 수 없는 책들은
멀리 치워 버려요.

신체를 단련하고

감각 교육을 해요.

열두 살부터 열다섯 살까지

책으로 배우지는 않아요.
(책은 읽고 말을 배우는 것일 뿐.)

교사의 역할이 중요해요!

천문학, 지리학 등등.
노동과 소유도 배우고

열다섯 살부터 스무 살까지

몸과 마음에 변화가 생겼어요.

이성에 대한 관심은
다른 데로 돌리고

도덕과 종교를 가르쳐
야 할 때예요.

스무 살부터 결혼까지

소피와 사랑해.

여러 나라를 돌아다니며…,
정치 교육이 필요해요!

『에밀』은 장자크 루소(Jean-Jacques Rousseau, 1712~1778)의 철학과 교육 사상이 담긴 책으로, 모두 5편으로 구성되어 있다. 고아인 에밀이 25년 동안 성장하면서 교사의 가르침을 받으며 성인이 되는 과정을 담고 있다.

1편은 유아기의 신체 활동 교육을, 2편은 아동기의 감각 훈련을, 3편은 소년기에 노동과 소유를 가르칠 때 어떤 점에 주의해야 하는가를, 4편은 청년기의 도덕과 종교 교육을, 마지막으로 5편은 성년기의 여성 교육과 정치 교육에 대해 이야기하고 있다.

루소는 『에밀』에서 교육의 목적은 지식인이 아니라 인간을 길러내는 것이라고 주장했다. 그리고 교육을 통해 인간이 본래 가지고 있던 선한 마음을 되찾을 수 있도록 자연적인 교육이 중요하다고 강조했다.

루소는 문명 사회를 비판하며, "자연으로 돌아가라"고 주장한 반근대주의• 사상가이자 낭만주의 운동•의 창시자이다. 루소의 철학과 근대적인 교육론을 담은 『에밀』은 출간되자마자 큰 인기를 끌었다.• 『에밀』이 얼마나 재미있었는지, 평소 규칙적인 생활을 하기로 유명했던 칸트마저도 이 책을 읽다가 평생 동안 지켜온 산책 시간을 잊어버렸고, 동네 여인들은 칸트가 산책하는 모습을 보고 시간

반근대주의 근대 자본주의로 인해 생긴 여러 문제와 모순, 그리고 개인주의적인 사상에 대해 반대했다. 문명을 비판하고, 자유롭고 평등한 작은 공동체의 삶을 추구하는 경향이 있다.

낭만주의 운동 18세기 말과 19세기 초반 이성을 중시하는 계몽사상에 반대하며, 주관적인 감성과 상상력을 중시한 운동이다. 문학, 철학, 미술, 음악 등에 큰 영향을 미쳤는데, 슈베르트와 쇼팽이 바로 낭만주의 음악가이다.

루소는 『에밀』에서 교육 사상을 다루었지만, 정작 자신은 지독한 가난 때문에 자녀들을 모두 고아원에 보냈다고 한다.

을 알아 저녁 준비를 했기 때문에 저녁 식사 준비가 늦어졌다는 일화가 전해질 정도이다. 칸트는 『에밀』을 이렇게 평가했다.

"이 책이 출간된 것은 프랑스 혁명과 같은 거대한 역사적인 사실에 비할 만하다."

모든 권력은 국민으로부터 나온다 - 국민주권설

루소는 인간이 본래 날 때부터 선하다고 믿었다(성선설). 또한 루소가 생각한 자연 상태는 안전하고 평화롭고 서정적이었으며 서로 싸우지 않았다. 그렇다고 이성적이거나 책임감이 있는 성숙한 상태는 아니었다. 그런데 이처럼 미숙한 상태에서 사회가 생기게 되었고, 사유재산과 신분제도가 등장하면서 불평등과 차별이 발생했다.

루소는 『인간 불평등 기원론』이라는 책에서 인간 사회가 불평등한 원인을 사유재산(개인재산)에서 찾았다. 개인이 재산을 가지게 됨으로써 불평등이 생겼다는 것이다. 하지만 인간은 개인의 이익만 좇는 것이 아니라 공동체의 이익도 생각한다. 그래서 서로를 보호하기 위해 정부와 법을 만드는 데 동의하게 되었고, 도덕적인 의무감과 사회적인 의무감을 느끼게 되었다.

사적 의지와 일반 의지

루소는 인간이 사적 의지와 일반 의지를 동시에 가지고 있다고 생각했다. 사적 의지는 개인의 의지이며, 일반 의지는 시민의 의지를 말한다.* 일반 의지는 공적 이익을 생각하는 의지이다.

쉬운 예를 들어보자. 길에서 휴지통이 안 보인다면 그냥 길에 버

릴지, 아니면 손에 들고 다니다가 휴지통이 나오면 버릴지 고민한다.

대개의 사람들은 쓰레기를 휴지통에 버려야 한다고 생각한다. 이것이 일반 의지이다. 일반 의지는 자신의 이익을 뛰어넘을 수 있다. 멀리 가지 않고 길에 버리는 게 더 편하더라도, 쓰레기를 들고 다니다가 휴지통에 버려야 한다고 생각한다.

루소는 일반 의지를 가진 사람들이 사적 의지가 강한 사람들보다 훨씬 많다고 생각했다. 그래서 다수가 결정한 의견은 항상 공익을 생각하는 일반 의지에 의한 것이라고 믿었다. 그리고 국가는 이러한 일반 의지가 구체적으로 나타나는 곳이라고 생각했다.

프랑스 혁명과 자유주의 사상의 기초

루소는 왕이 나라를 다스리는 왕정을 인정하지 않았다. 왕정은 일반 의지가 아니라 왕의 사적 의지에 따라 움직일 가능성이 높기

 일반 의지가 나타난 것이 바로 법, 규범이나.

때문이다. 그러므로 권력을 왕에게 넘겨줄 이유도 없으며, 왕은 필요 없는 존재이다. 사람들이 '합의'해서 정부를 구성하면 된다.

루소의 사상은 국민이 주권을 가져야 하며, 왕에게 권력을 넘겨주지 않아야 한다는 사상으로 연결된다. 이러한 사상은 프랑스 혁명에 불을 붙이는 심지가 되었고, 인간은 날 때부터 자연권을 가지고 있다는 자유주의 사상의 밑거름이 된다.

루소는 이렇게 말했다.

"일반 의지로부터 법과 정부가 나와야 하며,
이것은 다른 사람에게 넘겨주거나 나눌 수 없다."

자연으로 돌아가라

루소는 원래 인간은 자유롭게 태어났지만 지금은 구속에 얽매여 있다고 했다. "자연으로 돌아가라"는 말은 루소가 한 것으로 알려져 있지만, 사실 그가 한 말은 아니다. 하지만 이 말에는 루소의 사상이 잘 담겨 있다.

"자연으로 돌아가라"라는 말을 들으면 무엇이 떠오르는가? 시골에서 사는 모습? 루소는 말 그대로 자연으로 돌아가자고 한 것이 아니다.

18세기 유럽은 매우 불평등한 사회였다. 그래서 루소는 이 불평등을 어떻게 해결할 것인가에 주목했다. 그리고 이러한 문제를 불러온 문명 사회를 비판하며, 자유롭고 평화로운 작은 공동체를 꿈꾸었던 것이다.

사회계약설의 한계

17세기 영국의 철학자 홉스는 인간이 불안전한 자연 상태에서 벗어나려면 왕이 필요하다고 생각했다. 하지만 그 뒤를 이은 영국 철학자 존 로크, 그리고 18세기 프랑스의 계몽사상가 루소는 왕의 권위를 부정했다. 존 로크는 잘못을 저지른 왕에 대한 저항권을 주장했고, 루소는 왕이 사적 의지에 의해 움직일 수 있다며 왕정을 인정하지 않았다.

그런데 사회계약설에는 치명적인 약점이 있다. 사회가 생기기 전의 자연 상태는 어떠했을까?

홉스는 인간이 악한 존재이기에, 자연 상태에서 살아남기 위해 서로 힘을 과시하고 싸웠다고 했다. 반면 루소는 인간이 날 때부터 선하기에, 자연 상태가 안전하고 평화로웠다고 했다.

그런데 사회가 생기기 전, 먼 옛날에 인간들의 삶의 모습(자연 상태)이 어떠했는지 아무도 검증할 수 없다는 문제가 있다. 즉, 실제로 경험하여 증명한 것이 아니다. 단지 홉스와 루소는 가설을 세운 데 불과하다. 그래서 사회계약설은 과학적인 학문이라고는 할 수 없다.

08

더 많은 사람들의 행복을 위하여

제러미 벤담의 공리주의

벌써 며칠째 한여름의 불볕더위가 계속되었다. 사무실 안의 에어컨은 윙윙 소리를 내며 힘차게 돌아가고 있었다.

잠시 뒤, 덜컹! 문이 열리더니 직원 한 명이 허겁지겁 안으로 들어왔다.

"휴, 더워, 더워! 밖이 얼마나 더운지 몰라."

얼굴은 발갛게 상기되어 있었고, 손수건으로 연신 이마의 땀을 닦아 냈다. 현재 사무실 온도는 24도이고, 이미 오랫동안 에어컨을 켜 두어 사무실 안은 시원했다. 그런데 이 직원은 에어컨의 온도를 22도까지 내렸다.

그때 한쪽에서 콜록거리는 기침 소리가 들렸다. 여직원은 두터운 카디건을 입고 커다란 판자로 에어컨 바람을 막아 놓았다. 그녀는 냉방병에 걸렸다.

"저는 지금도 추워요. 조금 있으면 시원해질 텐데, 굳이 온도를 낮출 필요가 있을까요? 실내 온도를 26도에 맞추면 좋겠어요. 가끔은에어컨을 꺼 두기도 하고요."

그러자 다른 직원이 말했다.

"사무실 온도가 24도는 되어야죠. 26도는 덥더라고요. 더워서 일 못하는 것보다는 낫잖아요."

사무실에서 세 명은 에어컨을 세게 틀기를 원했고, 냉방병이 걸린 직원은 온도를 높이거나, 에어컨을 잠시라도 끄기를 원했다.

이 상황에서 제러미 벤담이라면 이렇게 말했을 것이다.

"어느 쪽이 쾌락을 더 많이 얻는지 계산해서 결정하면 되지!
만약 에어컨을 계속 켜서 세 명이 쾌락을 얻고,
한 명이 고통받는다면 당연히 에어컨을 켜야 해."

인간은 쾌락을 추구하는 존재

영국의 철학자 제러미 벤담(Jeremy Bentham, 1748~1832)은 인간이 쾌락과 고통에 지배받는 존재라고 생각했다. 벤담이 보기에, 인간은 이기적이며, 쾌락을 추구하고 고통을 피하려고 노력하는 존재에 불과하다. 그래서 벤담은 선악의 판단 기준도 도덕과 윤리 같은 것이 아니라 쾌락이라고 주장했다. 쾌락을 더 많이 얻을 수 있다면 선이고, 고통을 준다면 악이라는 것이다.

벤담은 쾌락을 최대화하고 고통을 최소화할 때, 더 많은 사람들을 만족시킬 수 있는 효용이 증가한다고 생각했다. 이를 공리라고 한다.

벤담은 사람들이 느끼는 쾌락을 수치화할 수 있다고 믿었다. 그래서 쾌락이 얼마나 큰지, 얼마나 오래 지속되는지 등 일곱 가지 기준을 정하고, 제자들과 연구실에서 하루 종일 온갖 행동의 쾌락을 계산했다.

그러면 사무실 에어컨으로 실랑이를 벌인 사람들의 쾌락과 고통을 숫자로 나타내 보자.(쾌락과 고통을 모두 1이라고 가정하자.)

에어컨을 켜 두었을 때

쾌락 3 ─ 고통 1 = 쾌락 2   쾌락이 고통보다 2가 더 많으니 에어컨을 켠다.

쾌락 1 × 3명   고통 1 × 1명

예전에는 왕, 귀족, 평민 등 인간을 신분에 따라 차별했다. 이를테면 왕이 9라면 평민은 0.1쯤 될까? 하지만 벤담은 모든 인간이 느끼는 쾌락과 고통을 1로 보았다. 왕도 1이고, 귀족도 1이고, 평민도 1이고, 하인도 1이다. 이러한 사고는 인간이 평등하다는 생각에서 비롯되었다.

최대 다수의 최대 행복 – 공리주의

벤담 이전에도 쾌락주의가 있었다. 고대 그리스 철학자인 에피쿠로스는 쾌락을 최고의 선이라고 여겼고, 영혼의 평화와 마음의 평정을 추구했다. 한편 비슷한 시대의 키레네 학파는 육체적인 쾌락을 더 본질적인 쾌락이라고 생각했다. 하지만 둘 다 개인적인 쾌락을 추구했다는 면에서 공통점이 있다.

그런데 벤담을 비롯한 근대 공리주의자들은 개인의 쾌락보다 '사회의 쾌락'을 더 중요하게 생각했다. 벤담은 어떻게 하면 더 많은 사람들에게 쾌락을 줄 수 있을지, 사회의 양적인 효용을 늘리는 방법을 고민했다. 이를 '양적 공리주의'라고 한다.

쾌락
수치

9   0.1   1   1

자, 벤담처럼 생각해 보자. 벤담이라면 다음의 상황에서 어떻게 했을까?

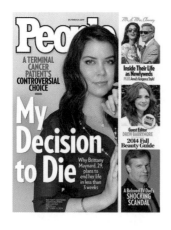

『피플』지에 실린 이야기로, 브리트니 메이나드는 뇌종양에 걸려 시한부 판정을 받고 존엄하게 죽을 권리를 주장했다. 표지에 실린 사진은 건강했을 때의 모습이다.

미국의 오리건, 버몬트, 워싱턴 등의 주에서는 존엄사를 인정하고 있다. 우리나라에서도 존엄사에 대한 의견이 분분하다. 존엄사란 치료를 해도 회복이 불가능한 환자들에게 심폐 소생술과 혈액 투석 등 생명을 연장하는 치료를 중단하는 것을 말한다. 벤담이라면 존엄사에 어떤 입장이었을까?

오늘날 벤담이 살아 돌아온다면 존엄사를 찬성했을 것이다. 벤담이 생각하기에, 존엄사의 옳고 그름을 판단하는 기준은 인간의 존엄성이나 인권 등이 아니다. '사회 구성원 전체의 쾌락을 높이는가?', '사회 전체에 도움이 되는가?' 등이 판단 기준이다.

벤담이 보기에, 환자가 식물인간이라면 존엄사를 하더라도 고통도 쾌락도 늘지 않는다. 어쩌면 생명을 고통스럽게 연장하지 않는 편이 죽음을 편안하게 맞이하여 쾌락이 늘어난다고 주장했을 수도 있다. 또한 사회적인 면에서는 의료 비용이 줄어들어 사회적인 쾌락이 높아진다고 생각했을 것이다.

공리주의와 사회복지 제도

벤담이 살았던 17~18세기에 공리주의는 파격적인 사상이었다. 자본주의가 싹트고 있었지만, 아직까지는 신분제의 전통이 남아 있었다. 이런 시대에 벤담은 신분에 상관없이 '한 사람의 효용은 오직 하나'라고 주장했다.

벤담의 공리주의는 다수결의 원칙을 따르는 민주주의 제도에 영향을 주었다. 또한 분배를 통해 사회적인 공리를 높이는 복지 사상이 발달하는 데도 영향을 미쳤다. 다음의 말은 벤담의 민주주의 사고를 잘 보여 준다.

"아무리 높은 지위에 있는 사람이라도 하나로만 간주하고, 하나 이상이나 이하로 계산해서는 안 된다."

당시 영국은 법이 아주 엄격해서 도둑질을 하면 손목을 자를 정도였고, 소매치기범을 사형에 처하기도 했다. 죄수가 너무 많아지자, 감옥이 모자라서 머나먼 식민지인 오스트레일리아로 유배를 보내기도 했다. 게다가 영국의 형법은 지나치게 어려워서 법을 몰라 어기는 시민들도 많았다.

벤담은 일반인도 알기 쉽게끔 법률 용어를 풀어 썼고, 법 제도를 단순화하기 위해 노력했으며, 감옥의 효율을 높이기 위해 원형 감옥을 설계했다. 벤담은 동물의 복지에 최초로 관심을 가진 사상가이기도 하다.

존 스튜어트 밀, 벤담을 비판하다

19세기 영국 철학자 존 스튜어트 밀(John Stuart Mill, 1806~1873)은 동물은 육체적인 쾌락만 느끼지만, 인간은 정신적인 쾌락도 느끼는 존재라면서 벤담의 양적 공리주의를 비판했다.

"배부른 돼지가 되기보다는 배고픈 소크라테스가 되는 게 낫다."

밀은 동물도 느끼는 육체적인 쾌락보다 인간의 정신적인 쾌락을 중시했다. 밀의 이러한 사상을 '질적 공리주의'라고 한다.

벤담은 모든 쾌락을 수치화하면서, 노동자들에게 최소한 빵 1킬로그램과 우유 200밀리리터가 필요하다는 식으로 말했다. 이에 대해 존 스튜어트 밀은 이렇게 생각했을 것이다.

"벤담, 인간은 동물이 아니오. 먹고 자는 게 해결되었다고 해서 인간다운 삶이 보장되는 것이 아니란 말이지. 인간의 쾌락은 인격의 존엄을 바탕으로 한 것이오. 그러니 진정한 쾌락에 이르게끔 해 주는 사회가 좋은 사회가 아니겠소."

존 스튜어트 밀

09

순수이성의 명령에 따르라

칸트의 정언 명령

한 학교에서 매달 한국사, 영어, 수학, 과학 퀴즈와 발표 대회를 돌아가면서 열었다. 학생들이 자치회에서 스스로 만든 행사이다. 모든 학생들이 도전하고, 퀴즈를 준비하고, 친구를 응원하고…… 우승하면 음료수 이용권이나 다음 퀴즈 시간에 문제를 낼 수 있는 자격을 얻는다.

퀴즈 대회 날, 강당에 학생들이 옹기종기 모여 있었다. 강당 앞쪽에는 각 반에서 나온 대표가 두 명씩 앉아 있었다.

"이제 한 문제 남았어요. 경상북도 영주의 절에 있는, 우리나라에서 가장 오래된 목조 건축은 무엇일까요?"

3반 대표로 나온 준영이는 작게 한숨을 내쉬었다. 초등학교 때 부모님과 함께 가 본 적이 있는데 도통 기억이 나지 않았다. 아버지가 건물 기둥의 툭 튀어나온 배를 쓰다듬으며 설명해 주었는데도, 입에서만 맴돌 뿐 생각나지 않았다.

다른 반 대표들도 마찬가지인지 선뜻 답을 말하지 못했다.

준영이는 문득 고개를 들어 앞을 보았다. 그러다가 반 친구와 눈이 마주쳤다. 그 친구는 입 모양으로 답을 알려 주었다.

'아, 그거였지!'

준영이는 답을 말하려다가 그만두었다. 퀴즈가 끝나자, 그 친구가 준영이한테 다가왔다.

"내가 알려 준 거 못 봤어?"

"봤어."

"그런데 왜 대답 안 했어? 대답했으면 우리 반이 1등 했잖아!"

"그러면 내가 맞춘 게 아니잖아. 다른 사람이 가르쳐 준 답을 보고 대답하면 안 되지."

"그게 무슨 상관이야! 1등 하면 되지. 아유, 이 답답아."

여러분이라면 어떻게 했을까? 준영이처럼 답을 말하지 않았을까? 아니면 '한 번인데 뭐 어때? 다른 사람은 아무도 모르잖아!'라고 생각하며, 친구가 알려 준 답을 말했을까?

우리는 준영이의 행동이 도덕적이라는 것을 안다. 어떤 행동이 도덕적인지 결정하는 것은 왜 그 일을 했느냐 하는 동기이다. 준영이는 자신이 아는 것이 아니고 남이 가르쳐 주었기 때문에 답을 말하지 않았다.

정언 명령과 가언 명령

18세기 독일 철학자 임마누엘 칸트(Immanuel Kant, 1724~1804)는 인간은 순수이성을 가지고 있다고 생각했다. 순수이성이란 인간이 날 때부터 가지고 있는 선천적인 이성이다.

또한 칸트는 인간이 날 때부터 선악을 구별할 수 있는 도덕 능력도 가지고 있다고 믿었다. 인간은 선천적으로 선을 행하려는 순수한 동기에서 나온 의지인 '선 의지'를 가지고 있다는 것이다.

예를 들어 할머니가 지하철역의 가파른 계단에서 무거운 짐을 끙끙 대며 들고 올라가는 것을 보고, 짐을 들어 드려야겠다고 생각하는 것은 그 자체로 선한 생각이다.

칸트가 생각하는 정의란 무엇이며, 어떤 것이 정의로운 행동일까? 칸트의 정의론에서 핵심은 정언 명령이다. 정언 명령이란 어떠한 목적이나 의도가 없는 순수한 이성의 명령을 말한다. 반대로 목적이나 의도가 있는 명령은 가언 명령이다.

정언 명령은 무엇인가를 얻기 위해 행동하라는 명령이 아니다. 결과가 좋든 나쁘든 상관없이 반드시 해야 하는 객관적이며 필연적인 명령이다. 그러므로 인간은 올바르고 선한 정언 명령에 따라야 한다. 정언 명령과 가언 명령의 예를 살펴보자.

정언
가언
한 남자가 길을 가다가 쓰러진 노인을 발견했다. 입은 옷과 시계를 보니 부잣집 노인이었다. '저 노인을 구해 주면 분명 엄청난 사례를 할 거야.' 남자는 얼른 노인에게 다가가 똑바로 눕히고는 휴대전화를 꺼내 119 구급대를 불렀다.

이 남자는 정언 명령에 따라 행동한 것일까, 가언 명령에 따라 행동한 것일까? 물론 노인을 구한 것은 좋은 행동이지만, 그는 나중에 받을 보상을 바라고 노인을 구해 주었기에 동기가 순수하지 않다. 목적이나 의도가 있었기 때문에 가언 명령에 따라 행동한 것이다.

정언
가언
일산의 한적한 2차선 도로. 새벽 3시가 되자 지나가는 차도, 사람도 없었다. 그런데 회색 소형 자동차 한 대가 횡단보도로 다가오던 찰나, 신호등이 빨간불로 바뀌었다. 자동차가 멈춰 섰다. 횡단보도를 건너려고 기다리는 사람은커녕, 길에도 사람이라곤 없었는데 말이다. 이윽고 신호등이 초록불로 바뀌자 자동차가 다시 출발했다.

이 운전자의 행동은 정언 명령에 따른 것일까, 가언 명령에 따른 것일까?

빨간불로 바뀌자 멈춰 선 운전자의 행동만 보고는, 그가 정언 명령에 따른 것인지, 가언 명령에 따른 것인지 알 수 없다. 우리는 그 운전자의 속마음을 알 수 없기 때문이다. CCTV가 있을지도 모른다는 걱정 때문에 초록불이 켜질 때까지 기다렸다면, 가언 명령에 따른 행동이다. 하지만 빨간불일 때는 운전하지 말아야 한다는 규범을 지키려고 했다면, 정언 명령에 따라 행동한 것이다.

칸트 VS 벤담, 입장이 어떻게 다를까?

길 가던 사람이 쓰러져 있는 노숙자를 발견해 119에 신고했다. 서둘러 병원으로 데려갔지만 그만 식물인간이 되고 말았다. 산소 호흡기를 달고 생명을 연장하는 데 하루에 30만 원이 든다고 한다. 한 달이면 900만 원, 1년이면 거의 1억 원이 드는 셈이다.

이런 경우에 벤담과 칸트는 각각 어떤 입장이었을까?

공리주의자인 벤담이라면, 산소 호흡기를 달고 연명 치료를 하는 데 찬성하지 않았을 것이다. 양적 공리주의자들은 더 많은 사람들에게 쾌락과 행복을 주는 원칙을 중요하게 생각했다.

잔인한 말이지만, 한 명을 위해 하루에 30만 원씩 드는 연명 치료를 하기보다는 다른 선택을 했을 수 있다. 가령 아프리카에서는 하루에 1,000원이면 굶주린 어린이 한 명을 살릴 수 있으니, 30만 원이면 300명의 어린이들을 살릴 수 있다고 생각했을 수도 있다.

하지만 칸트라면, 비용이 얼마가 들더라도 산소 호흡기를 달고 연명 치료를 해야 한다고 주장했을 것이다. 칸트는 결과에 신경 쓰지 않고, 도덕적 의무감에 따라 행동해야 한다고 믿었기 때문이다. 칸트는 이렇게 말했다.

"선의 판단 기준은 겉으로 드러난 행동이 아니라,
내면의 도덕적인 마음이다."

왜 길에 쓰러진 사람을 외면하지 않고 구해야 할까? 인간이기 때문이다. 칸트는 이처럼 아무런 목적도, 의도도 없고, 순수한 도덕적인 의무감에서 나오는 명령에 따라야 한다고 생각했다.

목적의 왕국 VS 수단의 왕국

칸트는 사회적인 계약도 목적과 의도가 있는 가언 명령이라고 생각했다. 안전을 보장받기 위해 사회적인 계약을 통해 국가를 만들었기 때문이다.

칸트는 '목적의 왕국'을 꿈꾸었다.

"언제, 어디서나 너와 다른 사람을 수단이 아니라
　　　목적으로 대우하라."

수단의 왕국이 아니라
목적의 왕국

예를 들어 자신의 사업을 위해 친구를 만난다면 가언 명령에 따른 것이다. 친구를 사업을 위한 수단으로 여기는 것이므로 이는 수단의 왕국이다. 반면 아무런 목적 없이 순수하게 친구를 만나면 목적의 왕국이다.

칸트는 가족이야말로 인간을 수단이 아니라 목적으로 대우해야 한다고 생각했다. 가족마저 서로를 수단으로 여긴다면 어떻게 될까? 자식들은 부모를 돈을 벌어오는 수단으로 생각하고, 부모는 자식을 늙은 자신을 부양할 수단으로 여긴다면, 가족은 어떻게 될까?

칸트는 가족과 같은 목적의 왕국이 사회적인 기본 질서가 되어야만 진정한 도덕 사회가 된다고 믿었다.

그런데 과연 수단의 왕국이 무조건 나쁜 것일까?

이순신 장군은 노량해전에서 일본군의 총에 맞아 죽어 가면서 "내 죽음을 알리지 마라"고 했다고 전해진다. 부하들의 사기가 떨어질 것을 걱정했기 때문이다.

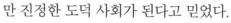

칸트는 이순신 장군의 행동이 잘못되었다고 할 것이다. 부하에게 거짓말을 하게 했으니, 가언 명령에 의한 행동을 강요한 셈이다.

하지만 이순신 장군의 행동이 과연 나쁜 것이었을까? 학원 강사가 돈을 벌기 위해 열심히 연구하고 강의하여 강의의 질이 높아졌다면, 이것이 과연 나쁜 행동일까? 수단의 왕국이 무조건 나쁘다면, 기업은 모두 사라져야 한다. 기업은 이윤을 얻기 위한 '수단'으로서 만들어진 조직이기 때문이다.

칸트는 1724년 동부 프로이센 지방의 작은 마을에서 태어나 죽을 때까지 그곳에서 살았다. 80세까지 살았으니 당시로는 대단히 장수한 셈이다. 키가 157센티미터로 매우 작았고, 평생 혼자서 살았으며, 규칙적으로 생활했고, 당구를 좋아했다고 전해진다.

칸트가 살았던 18세기까지 서양의 정신은 그리스 문화에 바탕을 둔 헬레니즘적인 사고, 그리고 중세 천년을 지배해 온 기독교의 헤브라이즘적인 사고가 지배했다. 헬레니즘은 인간을, 헤브라이즘은 신성을 상징한다.

칸트는 이러한 헬레니즘과 헤브라이즘을 집대성하여 서구 정신을 정립한 철학자이다. 아울러 근대 철학의 새로운 방향을 개척한 철학자로도 평가받는다.

마이클 샌델의 철길 명제와 칸트

우리나라에서 선풍적인 인기를 끌었던 마이클 샌델의 『정의란 무엇인가』라는 책에는 이런 이야기가 나온다.

기차가 빠른 속도로 달려오고 있다. 그런데 좌우로 갈라지는 철길에 왼쪽에는 다섯 명이, 오른쪽에는 한 명이 일하는 중이다. 기관사가 기차를 멈추려 했지만 워낙 속도가 빨라 금방 멈출 수 없다. 기차는 원래 왼쪽으로 가게 되어 있으며, 선로를 바꾸는 스위치를 조작해서 기차의 방향을 바꿀 수 있다.

여러분이라면 어떻게 하겠는가?

공리주의자라면 다섯 명을 살리기 위해 선로를 바꾸는 스위치를 눌러 오른쪽으로 갔을 것이다. 하지만 칸트라면 다섯 명이 일하는 쪽으로 그대로 향했을 것이다. 스위치를 누르는 순간, 오른쪽에서 일하던 한 명의 목숨은 다섯 명을 살리기 위한 수단이 되어 희생되기 때문이다.

서구 문화의 두 기둥, 헬레니즘과 헤브라이즘

유럽 문명과 사상에 결정적인 영향을 미친 커다란 두 물줄기가 있다. 바로 헬레니즘과 헤브라이즘이다. 헬레니즘은 그리스의 문명, 헤브라이즘은 기독교 문명에 바탕을 두고 있다.

헬레니즘, 그리스 문화와 동방 문화의 융합

헬레니즘이란 말은 그리스의 서사시 『일리아스』에 나오는 헬렌(Hellen)에서 유래했다. 헬렌은 스파르타의 왕비로 트로이의 왕자 파리스와 사랑의 도피를 해서, 트로이 전쟁이 일어나는 계기가 되었다고 전해지는 전설적인 인물이다. 그리스인을 뜻하는 헬레네스란 말은 '헬렌의 자손'이라는 뜻이다.

고대 그리스에는 아테네, 스파르타, 테베 등 수백 개의 도시국가들이 있었다. 그런데 기원전 330년 무렵, 변방의 마케도니아 왕 알렉산더가 그리스를 장악하게 된다. 이후 알렉산더는 동방 원정에 나서면서 페르시아와 이집트를 차지하고 인도 북부에 이르렀다.

헬레니즘 시대는 알렉산더가 페르시아를 정복한

알렉산더가 이수스 전투에서 페르시아와 싸우는 모습. 애마 부케팔로스를 타고 있다.

기원전 330년부터 로마의 초대 황제 아우구스투스가 이집트를 멸망시킨 기원전 30년까지, 약 300년에 걸친 시대를 말한다.

알렉산더는 정복한 지역의 사람들을 무조건 배척하는 대신, 저항하지 않는 자는 포용했다. 곳곳에 알렉산드리아라는 도시를 건설하고 군인뿐만 아니라 기술자, 철학자 들을 이주시켰다. 그러다 보니 문명이 서로 섞이는 현상이 나타났다.

헬레니즘은 그리스 문명과 동방 문명(주로 페르시아나 인도 문명)이 융합했지만, 기본적으로는 그리스 문명을 계승했다.

헬레니즘은 인간 중심의 사랑에 기초를 두고 있으며, 이성을 중시했다. 유일신 신앙이 아니라 제우스, 아폴로부터 이집트의 태양신까지 다양한 신을 믿었다. 또한 자연과학과 과학 지식에도 관심이 많았다.

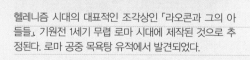

헬레니즘 시대의 대표적인 조각상인 「라오콘과 그의 아들들」 기원전 1세기 무렵 로마 시대에 제작된 것으로 추정된다. 로마 공중 목욕탕 유적에서 발견되었다.

헬레니즘 정신은 14세기 르네상스 시대에 다시 부활했고, 이후에도 유럽 문명과 예술에 큰 영향을 미쳤다.

카노사의 굴욕. 11세기 신성 로마제국 황제가 교황이 머물고 있던 카노사 성의 성주 마틸다에게 교황을 만나게 해 달라며, 무릎을 꿇고 사죄하고 있다.

헤브라이즘, 유대 민족의 문화와 기독교 전통

『구약성경』에 따르면, 갈대아 우르의 아브라함은 하나님의 목소리를 듣고 고향을 떠나 큰 강 유브라데를 건너서 약속의 땅인 가나안으로 향한다. 히브리인은 아브라함의 자손인 이스라엘 사람(유대인)을 가리키는 말인데, 정작 유대인들은 이 표현을 잘 쓰지 않았다고 한다.

헤브라이즘은 고대 히브리(유대) 민족의 문화와 정신, 그리고 기독교 전통을 통틀어 이르는 말이다. 이스라엘 땅에서 일어난 기독교는 수천 년 동안 서구 문화의 바탕을 이루었다. 헤브라이즘은 신앙 중심의 사상이며, 유일신을 믿는다.

그리스 전통의 헬레니즘과 기독교 전통의 헤브라이즘은 유럽의 사상과 문화의 두 줄기가 되었다. 서양을 이해하려면 헬레니즘과 헤브라이즘을 알아야 한다.

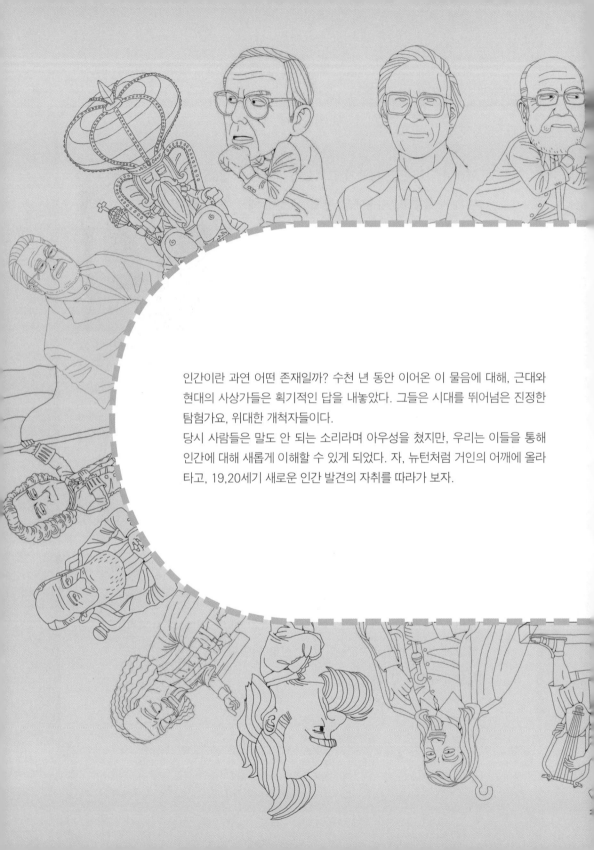

인간이란 과연 어떤 존재일까? 수천 년 동안 이어온 이 물음에 대해, 근대와
현대의 사상가들은 획기적인 답을 내놓았다. 그들은 시대를 뛰어넘은 진정한
탐험가요, 위대한 개척자들이다.
당시 사람들은 말도 안 되는 소리라며 아우성을 쳤지만, 우리는 이들을 통해
인간에 대해 새롭게 이해할 수 있게 되었다. 자, 뉴턴처럼 거인의 어깨에 올라
타고, 19,20세기 새로운 인간 발견의 자취를 따라가 보자.

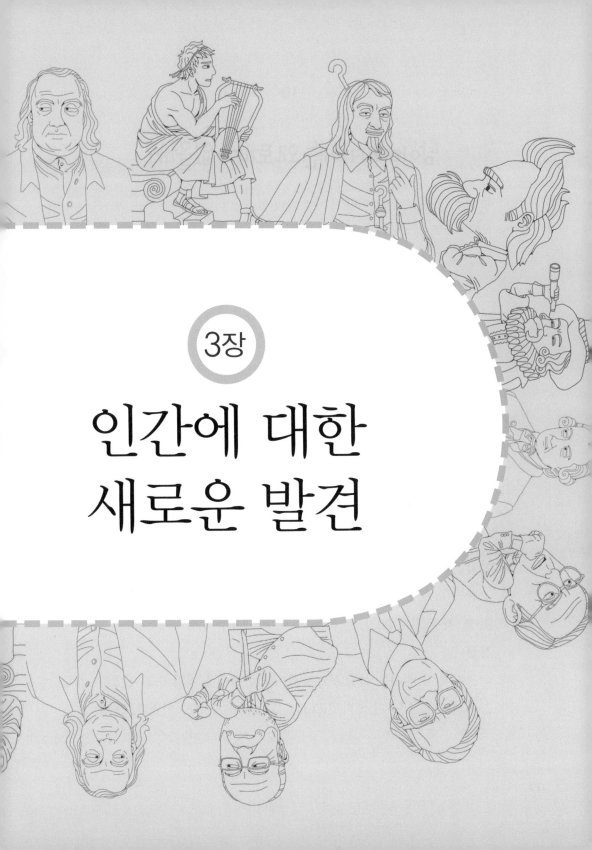

3장

인간에 대한
새로운 발견

10

남아메리카에는 왜 토끼가 없을까?

다원의 진화론

1831년, 영국의 해군 측량선 비글호가 74명의 대원을 싣고 데번 포트 항구를 떠났다. 비글호는 남아메리카로 가서 해안을 탐사하고 기록하는 임무를 맡고 있었다. 갈라파고스 제도와 남태평양, 오스트레일리아, 뉴질랜드를 돌아 다시 영국으로 돌아올 계획이었다.

함장 피츠로이는 매우 성실한 사람이었다. 항해하는 동안 해안도 82장, 항구 지도 80장, 항구 그림 40장을 아주 정밀하게 그려서 완성했다.

그런데 이 배에는 선장 못지않게 부지런한 젊은이가 타고 있었다. 23세의 영국 청년 찰스 다윈(Charles Darwin, 1809~1882)이었다. 2년으로 예정된 항해는 무려 5년이나 걸렸고, 항해를 마치고 돌아왔을 때 다윈의 손에는 18권이나 되는 두툼한 공책이 들려 있었다. 항해하는 동안 보고 듣고 관찰한 것을 꼼꼼하게 기록한 것들이다.

다윈은 비글호를 타고 여행하는 동안 심한 뱃멀미에 시달렸고, 혹독한 추위와 더위도 겪었다. 무엇보다 견디기 힘든 것은 배고픔 이었다. 하지만 이러한 고통을 견디면서 매우 가치 있는 경험을 했 다. 바로 화석으로만 보던 동물들을 직접 관찰할 수 있었던 것이다.

다윈은 이 항해에서 비글호 대원들과 함께 섬과 해안, 열대 우림 을 탐험했다. 아프리카에서는 어른 스무 명이 손을 이어 잡아야 주 변을 겨우 감쌀 수 있는 바오바브나무를 보았고, 브라질 바닷가에 서는 카멜레온처럼 몸 색깔을 바꾸는 문어를 관찰했다. 갈라파고스

제도에서는 검은 화산암과 이구아나를 보았고, 다른 곳에는 없는 희귀한 동식물의 표본을 모았다. 다윈은 어디를 가든 화석과 식물, 곤충과 새를 수집했고, 표본을 만들고 특징을 꼼꼼하게 기록했다.

비글호가 남아메리카에 도착했을 때의 일이다. 다윈은 배에서 내려 말을 타고 주변을 돌아다녔다. 눈앞에는 유럽에서 보던 것과 비슷한 풍경이 펼쳐졌다. 넓은 초원과 곳곳에 널린 풀밭과 덤불, 굴 파기에 적당한 흙, 경사진 언덕이 있었다. 그런데 뭔가 이상했다.

'어? 뭐가 하나 빠진 것 같은데, 뭐지?'

잠시 뒤, 다윈은 그 이유를 알아차렸다.

"토끼야! 이곳엔 토끼가 없어!"

유럽에서 흔히 볼 수 있는 토끼가 그곳에는 없었다.

남아메리카에는 왜 토끼가 살지 않을까? 토끼가 좋아하는 풀과 굴 파기에 적당한 흙, 경사진 언덕까지, 유럽과 비슷한 환경이었는데 말이다. 같은 환경이라고 해서 같은 생물이 사는 것은 아니다. 그렇다면 어떤 종(種, 생물에서 암수가 생식을 할 수 있는 개체군)은 왜 그곳에서 살고, 어떤 종은 살지 않게 되었을까? 이런 의문은 다윈이 진화론을 세운 기초가 되었다.

진화론의 섬, 갈라파고스 제도

1835년, 비글호는 갈라파고스 제도에 도착했다. 갈라파고스 제도는 남아메리카의 에콰도르에서 약 926킬로미터 떨어진 태평양에 있으며, 크고 작은 여러 개의 섬과 암초로 이루어져 있다. 검은색 화산암으로 된 섬이라 해변에는 검은색 모래가 펼쳐져 있고, 다른 곳에서는 볼 수 없는 독특하고 신기한 동식물이 많이 살고 있었다.

그런데 섬들은 불과 수십 킬로미터밖에 떨어져 있지 않은데도, 섬에 사는 동식물들이 각각 다른 경우가 많았다. 특히 다윈의 관심을 끈 것은 핀치라는 새였다. 섬마다 핀치의 생김새가 조금씩 달랐기 때문이다.

다윈은 갈라파고스 제도에 살고 있는 핀치들을 색깔과 부리 모양, 사는 곳에 따라 분류했다. 검은색과 옅은 초록색, 뾰족한 부리와 뭉툭한 부리, 긴 부리와 짧은 부리……. 생김새는 조금씩 달랐지만, 모두 핀치였다!

다윈은 갈라파고스 제도에 서식하는 핀치가 원래 남아메리카에 살다가, 어떤 이유에서인지 900킬로미터 넘게 떨어진 이곳까지 오게 되었다고 생각했다. 그래서 핀치는 새로운 환경에 적응해야 했고, 그 결과 생김새가 달라진 것은 아닐까 하고 추측했다.

그리고 이러한 관찰을 통해 다음과 같은 결론

갈라파고스 제도는 남아메리카 동태평양에 있는 에콰도르령으로, 19개의 섬과 암초로 이루어져 있다. 갈라파고스는 스페인어로 '거북'을 뜻하는데, 그곳에 살고 있던 큰 거북에서 비롯된 이름이다. 살아 있는 자연사 박물관이라 불릴 만큼 독특한 생물이 많이 살고 있으며, 찰스 다윈의 진화론에 커다란 영향을 미쳐 '진화론의 섬'이라고도 한다.

갈라파고스 제도에서는 섬마다 핀치 새의 모습이 달랐다.

을 내렸다. 같은 계통의 생물이라도 환경이 달라지면 생김새나 특질 역시 조금씩 달라진다. 이것은 다윈이 '생물 종은 진화한다'고 믿게 된 계기가 되었다. 갈라파고스 제도의 핀치들이 사는 곳에 따라 생김새가 다른 것은(종의 차이가 생긴 것은) 주위 환경에 적응하기 위해 진화가 일어났기 때문이다.

어떤 섬의 핀치는 부리가 가느다란데, 그 섬에 많이 사는 곤충을 쪼아 먹는 데 알맞았다. 다른 섬의 핀치는 부리가 뭉툭한데, 그 섬에서 많이 자라는 식물의 딱딱한 열매를 깨기 좋았다.

원래 핀치의 부리는 같은 모양이었지만, 자신이 살고 있는 섬에 있는 먹이에 따라 모양이 변한 것이다. 즉, 새로운 환경에 적응하기 위해 아주 오랜 세월에 걸쳐 부리의 모양이 달라졌다고 할 수 있다.

영국으로 돌아온 다윈은 자신이 직접 본 것을 정리했다. 그리고 생명의 신비를 풀기 위해 진화론을 정리하여 1859년에 『종의 기원』이란 책으로 내놓았다.

"이 세상에 살아남은 생물은 가장 힘센 것도,
가장 지능이 높은 것도 아니다.
변화에 가장 잘 적응한 생물만이 살아남는다."

이를 '적자생존(適者生存)'이라고 한다.

적자생존, 자연 선택, 성 선택

변이

"같은 종이 어떻게 해서 서로 다른 모습으로 변화할까?"

이 질문에 대답하기 위해서는 먼저 변이와 자연 선택이 무엇인지 알아야 한다.

변이는 종이 같은데 다른 특성이 나타나는 것을 말한다. 갈라파고스 제도 핀치들의 색이나 부리 모양이 달라진 것을 '변이'라고 한다. 그런데 변이는 어떻게 일어나는 것일까?

원래 튤립은 붉은색이었는데, 네덜란드 사람들은 교배를 통해 갖가지 빛깔과 모양의 튤립을 만들어 냈다. 다윈의 진화론 이전에도 이미 사람들은 인위적으로 교배를 시켜 변이를 일으킬 수가 있었다.

『종의 기원』의 앞부분에는 다윈이 오랫동안 기르고 관찰한 비둘기에 관한 이야기가 길게 실려 있다. 그는 비둘기를 인위적으로 짝짓기를 시키는 교배 실험을 통해 비둘기의 볏과 부리를 다양한 모양으로 만들어 냈다.

이러한 연구를 통해 다윈은 갈라파고스 제도의 핀치가 원래는 모두 같은 종이었다고 확신하게 되었다. 그리고 비둘기 교배 실험에서 인간이 인위적으로 선택하여 변이를 일으킨 것처럼, 자연이 선택자가 되어 수많은 변이를 만들어 냈다는 사실을 깨달았다. 즉, 자연선택이 일어난 것이다.

자연선택은 같은 종의 개체 간에 변이가 생겼을 경우, 기후나 먹이, 천적인 동식물 등 생존 환경에 가장 적합한 것만 살아남고, 적합하지 않은 것은 사라지는 것을 말한다. 다윈은 이를 '자연선택'이라고 했고, 나중에는 '적자생존'이라는 말로 알려졌다.

기린의 목이 길어진 이유는 자연선택과 적자생존으로 설명할 수 있다. 원래는 목이 긴 기린과 목이 짧은 기린이 있었다. 그런데 가뭄 등 기후 변화로 인해 나무가 잘 자라지 않자 먹이가 부족해졌고, 그 결과 높은 곳의 나뭇잎을 뜯어먹을 수 있었던 목이 긴 기린이 살아남았다. 환경에 잘 적응하여 살아남은(적자생존) 목이 긴 기린은 새끼(자손)에게 목이 긴 성질을 전달했다.* 그리고 오랜 시간이 흐르자 목이 긴 기린만 남게 되었다(변이).

즉, 진화는 어떻게든 생존하려는 개체의 전략과 자연선택이 반복되는 가운데 '자연스럽게' 이루어진다. 이것이 다윈의 위대한 발견이다.

프랑스의 생물학자 라마르크(Lamarck, 1744~1829)는 생물체가 자주 사용하는 기관은 발달하고, 그렇지 않은 기관은 퇴화한다는 '용불용설'을 주장했다.
라마르크의 용불용설은 다윈의 자연선택설과 헷갈릴 수 있다. 하지만 라마르크는 후천적으로 발전된 성질이 유전된다고 한 것이므로 차이가 있다. 이를테면 기린이 높은 곳의 먹이를 '먹으려고 노력'하여 목이 길어졌다는 말이다. 그런데 이런 성질은 유전되지 않는다.
예를 들어 어느 원시 부족은 쇠고리를 목에 끼워서 길게 늘이지만, 그 부족의 아이들은 목이 길게 태어나지 않는다. 라마르크의 용불용설은 이러한 면에서 과학적이지 않다는 비판을 받았다.

118

수컷 공작의 꼬리는 크고 화려하다. 그런데 꼬리가 너무 크다 보니 날 수 없는데다가, 눈에 잘 띄어서 천적의 먹잇감이 되기 쉽다. 생존을 위해서라면 눈에 잘 띄지 않고 거추장스럽지 않은 짧은 꼬리가 유리할 텐데, 왜 수컷 공작은 크고 화려한 꼬리를 가졌을까? 어떻게 해서 자연선택으로는 설명할 수 없는 특성이 사라지지 않고 남아 있을까?

생물들은 종을 유지하기 위해 환경이 허락하는 것보다 더 많은 자손을 번식시키기 위해 과잉 생산을 한다. 한마디로 자손을 되도록 많이 남기려 하는 것이다.

수컷 공작이 크고 화려한 꼬리를 선택한 것은 암컷을 유혹하기 위해서이다. 수컷 공작의 크고 화려한 꼬리는 '생존'에는 불리하지만, '번식'에는 유리하다. 암컷의 선택을 받으려면 다른 수컷보다 돋보여야 한다. 그래서 화려한 꼬리를 가진 수컷들은 번식에 성공했고, 그렇지 못한 수컷들은 자손을 남기지 못하고 사라졌다. 이를 성선택이라고 한다.

이렇게 변이와 선택, 과잉 생산이 바로 다윈의 진화론에서 핵심 요소이다.

> 생물은 돌연변이를 만들어 내며 이는 자손에게 유전된다. → 변이
>
> 생물은 살아남을 수 있는 개체보다 더 많은 개체를 만들어 낸다.
>
> → 과잉 생산
>
> 환경에 잘 적응하는 생물들이 선택되어 자손을 남긴다. → 적자생존

진화론, 인간에 대한 생각을 바꾸다

중세 시대에는 하느님이 인간을 창조했다는 것이 절대적인 진리였다. 사람들은 하느님이 자신과 닮은 모습으로 인간을 창조했다고 믿었다.

중세 시대의 인간은 신과 종교에서 자유로울 수 없었고, 교회 없이는 태어날 수도, 죽을 수도 없을 만큼 철저히 교회 중심으로 살았다. 문화도, 역사도, 예술도, 과학도 모두 신과 교회를 중심으로 움직였다. 하느님이 인간을 창조했다는 사상은 14세기에 인간 중심의 르네상스가 일어난 이후로도 꽤 오랫동안 계속되었다.

그런데 19세기에 찰스 다윈은 인간이 하느님의 형상을 본떠 만들어진 존재가 아니라, 원숭이와 똑같은 조상에서 갈라져 나왔다고 주장했다.

인간이 원숭이와 조상이 같다니! 이는 신과 인간에 대한 모독이나 다름없었다. 당시 다윈의 진화론은 종교 사상과 부딪치며 큰 논

란을 일으켰다.

앞에서도 이야기했지만, 서양 문화의 두
줄기는 기독교 전통의 헤브라이즘과 그리
스 전통의 헬레니즘이다. 그런데 진화론은
이들에 동시에 도전장을 내밀었다.

먼저 진화론은 하느님이 자신의 모습을
본떠 인간을 창조했다는 기독교 사상에 대
한 큰 도전이었다.

한편 당시 서양 사람들은 인간이 가진
이성의 힘에 대해 확신했다. 19세기는 과
학의 발전과 산업혁명으로 들떠 있던 시대

1871년의 캐리커처. 다윈이 마치 유인원 같은
모습으로 그려졌다. 진화론은 발표된 이래 이
처럼 오랫동안 논란에 휩싸였고, 때로는 조롱
을 받았다.(위키피디아)

였다. 그런데 진화론은 인간의 조상이 원
숭이와 다름없다고 했다. 이는 사유하는 존재로서의 인간, 이성에
대한 확신에 도전장을 내민 셈이었다.

진화론에 대한 논란은 여전히 계속되고 있다. 하지만 진화론은
인간을 새로운 눈으로 보게 했으며, 인류의 사상과 과학의 발전에
새로운 계기가 되었다.

프랑스의 지질학자였던 퀴비에는 '천변지이설(天變地異說)'을 주장했다. 각 지질 시대에는 하늘
과 땅이 완전히 바뀌는 일이 몇 차례씩 일어나고, 그럴 때마다 모든 생물군이 거의 전멸당했
다고 주장했다. 그중 살아남은 것이 번식하여 지구상에 널리 퍼졌다는 것이다.
프랑스의 고생물학자 도르비니는 천변지이가 일어날 때마다. 지구상의 모든 생물이 거의 없
어지고 재창조되었다고 믿었다. 즉, 천변지이설은 성경에 나오는 '노아의 홍수'를 지구에 적용
시키려 한 결과이다.

진화론을 둘러싼 논란들 - 원숭이 재판

다윈이 1859년 『종의 기원』이란 책에서 진화론을 발표하자 거센 반발이 일어났다.(진화론은 예나 지금이나 뜨거운 감자이다.)

"인간이 원숭이와 똑같은 조상한테서 갈라져 나왔다면, 원숭이와 인간 사이의 '잃어버린 고리(missing link)'는 무엇인가?"
"다윈의 학설을 뒷받침할 화석이 부족하다."

그러나 19세기 오스트리아의 수도사였던 멘델°은 완두콩을 교배시키며 유전 법칙을 찾아냈다. 이는 다윈의 진화론을 뒷받침했다. 후에 1869년에는 독일의 화학자 프리드리히 미셔가 박테리아에서 유전자의 본체인 DNA와 관련된 물질을 발견했다.

1925년, 미국에서는 '원숭이 재판'이라고 불리는 법정 논쟁이 일어났다. 그 무렵 진화론이 과학적 이론으로 정립되어 가고 있었으

나, 기독교인이 많은 미국에서는 여전히 창조론이 우세했다.

그러던 차에 1920년대 미국 테네시 주에서 학교에서 진화론을 가르치지 못하게 하는 버틀러 법이 통과되었다. 이에 반대한 스콥스라는 교사가 주 정부를 상대로 소송을 제기하면서 전 세계적으로 관심을 끌었다. 그러나 법정은 창조론의 손을 들어주었고, 진화론을 가르쳤던 스콥스는 벌금형을 받았다.

그 후 1968년에 진화론 교육을 금지하는 것이 연방헌법에 어긋난다는 판결이 나오면서 버틀러 법은 폐지되고, 진화론은 법적으로 인정받게 되었다.

같은 해에 제임스 왓슨과 프랜시스 크릭이 DNA 이중나선 구조를 발견했다. 이처럼 유전 법칙을 설명할 수 있는 생물의 설계도인

'원숭이 재판'으로 불린 법적 논쟁. 1920년대 미국 테네시 주에서 진화론을 가르치던 고등학교 교사가 벌금형을 받았다.(위키피디아)

19세기 오스트리아의 수도사였던 멘델은 농장에서 완두 약 3만 포기를 키우며 교배를 시켜서, 유전이 일정한 법칙에 따른다는 것을 알아냈다.
우성과 열성의 대립 유전자 중 우성의 형질로 발현된다는 '우열의 법칙', 유전자는 쌍으로 존재하고 자손을 만들 때 분리된다는 '분리의 법칙', 대립 유전자는 독립적으로 선택된다는 '독립의 법칙'을 주장했다.

DNA가 발견되면서 진화론은 점차 굳건히 확립되었다.

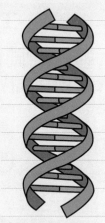

DNA는 이중 나선 구조로 되어 있다.

1987년에는 진화론을 가르친다면 창조론도 가르쳐야 한다는 주법 역시 헌법에 위배된다는 결론이 내려졌다. 사실상 인류와 생명의 기원에 대한 정설로 진화론이 인정받은 셈이다. 다윈의 진화론 가운데 핵심인 '적자생존', 그리고 종의 분화를 통하여 새로운 종이 탄생하고 다채로운 생태계를 이루어 나간다는 '자연선택'에 의한 종의 기원의 원칙은, 이제 현대 인류의 종을 설명하는 과학적인 이론으로 평가받고 있다.

정치에 악용된 사회 진화론

과학이 종교와 결합하면 사람들을 억압하기도 하지만, 과학이 정치와 결합하면 무기가 된다.

서구 제국주의자●들은 수많은 나라들을 식민지로 만드는 것을 마땅하고 바른 일이라고 주장했다. 그들은 그 구실로 다윈의 진화론을 끌어왔다. 제국주의자들이 주목한 진화론의 원리는 다음과 같은 두 가지였다.

- 생명체는 단순한 것에서 복잡한 것으로 발전한다.
- 진화는 일정한 방향으로 발전한다.

19세기 영국의 철학자인 허버트 스펜서(Herbert Spencer, 1820~1903)는 사회 진화론을 주장했다. 그는 생명체가 일정한 방향으로 진화하듯이, 인간 사회도 일정한 방향으로 발전한다고 생각했다. 또한 생명체가 단순한 것에서 복잡한 것으로 발전하듯, 인간 사회도 유목사회에서 농경사회, 산업사회 식으로 단순한 형태에서 복잡한 형태로 발전한다고 주장했다.

- 인간 사회도 단순한 형태에서 복잡한 형태로 발전한다.
- 인간 사회도 일정한 방향으로 발전한다.

사회 진화론자들은 아프리카 원주민이나 제3세계는 미개한 야만의 상태이고, 서구 사회는 문명화되고 더 발전된 사회라고 여겼다. 그래서 아프리카 원주민들이 서구인들보다 열등하다고 생각했다. 그러니 적자생존과 마찬가지로, 약육강식의 세계에서 더 우월한 서구인이 살아남는 것은 당연하다는 논리였다. 서구 제국주의자들은 이런 논리를 펴며, 아프리카와 아시아의 여러

1898년 프랑스 신문에 실린 만화. 영국, 독일, 러시아, 프랑스, 일본 등이 중국을 나눠 먹으려고 하고 있다. 이들은 CHINE(프랑스어)라고 쓰인 피자판에 칼을 꽂고 있다.(위키피디아)

나라를 침략했고 식민지로 삼아서 약탈했다.

그러나 다윈이 말하는 진화란 '환경에 가장 적합한 것'을 만들어

제국주의는 우세한 군사력과 경제력으로 다른 나라나 민족을 침략하여 식민지로 삼는 경향이나 정책을 말한다. 영국, 프랑스, 일본 등은 19세기와 20세기 초반에 제국주의 정책을 펴서 아시아와 아프리카의 많은 국가들을 식민지로 삼았다.

낸다는 것이지, 단순한 것에서 복
잡한 것으로 발전한다는 말이 아
니다.

다윈이 주장한 진화에는 어떠한
방향도 없으며, 더 낫거나 못한 것
이 없다. 진화는 오로지 환경에 적
합한지 여부에 따라 진행되었을
뿐이다.

레비 스트로스의 『슬픈 열대』에 나오는 브라
질 원주민 보로로 족의 모습. 19세기에 프랑
스 화가가 그린 것이다.(위키피디아)

아프리카의 원주민은 먹고살기에 충분할 만큼 사냥감과 열매가
풍부했다. 그런 환경이었기에 굳이 철도를 깔고 산업화될 필요가
없었을 뿐이다.

게다가 사회 진화론의 논리는 생명체와 인간 사회의 진화를 같다
고 보았으므로 비과학적이다.

20세기에 들어 클로드 레비 스트로스 같은 문화 인류학자들이 사
회와 문화는 더 우월한 것이 없고, 다른 종류의 사회일 뿐이라며
문화의 다양성을 주장했다. 이로써 오늘날 사회 진화론은 설 자리
를 잃었다.

 클로드 레비 스트로스(1908~2009)는 프랑스의 문화 인류학자로 문화의 체계를 이
루는 요소들의 구조적인 관계에 주목했다. 특히 브라질에서 원주민들을 연구한 후
1955년에 발표한 『슬픈 열대』라는 책은 문화 인류학 분야의 명저로, 오늘날에도 많
은 사랑을 받고 있다.

11

차라투스트라는 이렇게 말했다

니체의 허무주의

차라투스트라가 서른 살이 되었을 때, 고향을 떠나 산속으로 들어갔다. 그곳에서 10년 동안 명상을 하며 고독을 즐겼다.

"이제 고독을 버릴 때가 되었군."

어느 날, 차라투스트라는 명상하며 얻은 지혜를 사람들에게 알려주려고 길을 떠났다. 차라투스트라가 산을 내려와 숲에 들어섰을 때 성자가 나타났다.

 차라투스트라는 조로아스터(Zoroaster)를 독일어 식으로 읽은 것으로, '낙타를 잘 다루는 사람' 이라는 뜻이다. 조로아스터교는 고대 페르시아의 종교로 불을 신성하게 여기고 유일신을 믿었다. 조로아스터는 30세 무렵에 후라 마즈다 신의 계시를 받고 조로아스터교를 만들었다고 전해진다.

"당신은 잠든 사람들이 있는 곳으로 가서 무엇을 하려고 하는가? 당신은 깊고 깊은 바닷속처럼 고요한 고독 속에서 살아왔소. 이제 당신은 바다를 떠나 육지로 오르려 하는가?"

성자가 차라투스트라에게 물었다.

"나는 인간을 사랑하오. 나는 인간에게 선물을 주려고 하오."

차라투스트라가 대답했다.

"인간을 사랑한다는 것은 멸망을 뜻할 뿐이오."

성자는 이렇게 말하고, 차라투스트라에게 인간이 사는 곳으로 가지 말고 숲에 그대로 머물러 있으라고 했다. 또 어디론가 떠나고 싶으면 차라리 짐승이 사는 곳으로 가라고 했다. 그러자 차라투스트라가 성자에게 물었다.

"성자여, 도대체 당신은 숲에서 무엇을 하겠다는 말인가?"

"나는 노래를 지어 부르며 웃고 웃는다오. 나는 신을 찬미하오. 그런데 당신은 우리에게 어떤 선물을 주려고 하는가?"

차라투스트라는 다시 길을 떠났다.

차라투스트라는 생각했다.

'도대체 어째서 이런 일이 생긴 거지! 저 늙은 성자는 숲속에 있으면서도 신이 죽었다는 말을 듣지 못했단 말인가!'

프리드리히 니체(Friedrich Wilhelm Nietzsche, 1844~1900)가 쓴 책 『차라투스트라는 이렇게 말했다』에 나오는 일부분을 풀어서 쓴 것이다.● 차라투스트라가 곳곳을 돌아다니며 만난 사람, 동물과 나눈 이야기, 그리고 홀로 생각하며 내뱉은 말을 담은 책이다.

니체는 14세에 자서전을 쓰려 했으며, 24세의 젊은 나이로 대학 강단에 서기도 했다. 하지만 그는 불우한 천재였다. 어릴 때부터 각종 질병에 시달렸으며, 우울증이 늘 따라다녔고, 결국 정신이상으로 10년간 투병하다가 숨을 거두었다.

니체는 살아생전에 그다지 인정받지 못했다. 그는 "아직 나의 때는 오지 않았다"며 한탄했다. 하지만 나중에 자신의 철학을 가르치는 곳이 생길 것이라고 장담했다. 그의 말대로, 니체의 철학은 20세기의 철학, 신학, 심리학 등에 큰 영향을 미쳤다.

신은 죽었다

"신은 죽었다"라는 말을 들어본 적이 있을 것이다. 니체가 한 말이다. 그래서 니체가 신을 믿지 않고, 종교를 거부하는 무신론자라

 『차라투스트라는 이렇게 말했다』는 서사시의 형식으로 되어 있다. 서사시란 역사적인 사건이나 신화, 전설, 영웅담 등을 시간 순서에 따라 쓴 시를 말한다. 그리스의 영웅 서사시 「일리아스」, 「오디세이」, 고구려 시조 주몽의 영웅담을 담은 이규보의 「동명왕편」 등이 있다.

고 생각할 수 있다. 하지만 대답은 '아니오'이다.

중세 시대에 사람들은 교황의 말과 성경을 무조건 따라야 했다. 종교가 사람보다 앞섰다. 신의 말이 곧 절대적인 진리였다.

그런데 14세기에 르네상스가 시작되면서 인간의 이성에 눈을 떴다. 17세기 베이컨, 데카르트, 계몽주의 등도 인간이 가진 이성의 힘에 주목했다. 한편 과학이 발전하고 산업혁명이 일어나면서 자본주의가 힘을 얻었다. 바야흐로 근대가 활짝 열린 것이다.

과거에는 절대적이었던 성경과 신의 말이 힘을 잃었다. 니체는 이런 상황을 두고 "신은 죽었다"고 표현한 것이다. 인간은 스스로 결정하고 생각하는 창조적인 의지를 가질 수 있다는 말이다.

신은 죽었다

그러나 과연 인간이 완전한 자유를 얻은 것일까? 인간들이 무작정 믿는 것이 이제는 없을까? 니체는 "신은 죽었다"라는 말을 통해, 신처럼 떠받들어 덮어놓고 믿고 따르는 것은 없는지 의심해 보라고 경고했다.

창조하고 파괴하고, 창조하고 파괴하고……

차라투스트라는 시장 한가운데 사람들이 모여 있는 것을 보았다. 그곳에는 곡예사가 양쪽에 나무를 세워 놓고 줄을 높이 매달아 줄타기를 하고 있었다. 곡예사가 높다랗게 매어진 줄 위에서 조심조심 한 발짝씩 앞으로 나아가는데,

"뭐하는 거야? 빨리 좀 가란 말이야!"

광대가 재촉했다. 곡예사는 서둘러 한 발짝을 떼려다가 그만 아래로 떨어졌다.

"이를 어째!"

곡예사는 그 자리에서 죽고 말았다. 차라투스트라는 곡예사의 시체를 등에 지고 걷기 시작했다.

"이 마을을 떠나시오."

광대가 차라투스트라에게 다가와 말했다.

차라투스트라는 곡예사의 시체를 이고 깜깜한 밤길을 걸었다. 사람들이 사는 마을에서 멀리 떨어진 곳에 사는 늙은 은둔자를 찾아갔다. 은둔자가 차라투스트라를 보고는 빵과 포도주를 주었다. 차라투스트라는 아무 말도 하지 않고 묵묵히 음식을 먹었다. 그리고 깊은 숲에 들어가 시체를 묻고는 잠이 들었다.

다음 날 아침, 눈을 뜬 차라투스트라는 문득 진리를 깨달았다.

"시장에서 사람들에게 이야기하는 것은 어리석은 일이다."

이 일을 겪은 뒤로 차라투스트라는 '살아 있는 동반자', 즉 '함께 창조할 사람'을 찾아야 한다고 깨달았다.

차라투스트라가 10년 만에 산에서 내려와 만난 사람들은 마치 동물원에서 사육당하는 짐승과 같았다.

인간이 원래 가졌던 야성의 생명력과 창조성을 잃어버리고, 무엇인가에 맹목적으로 사로잡혀 순종하고 있었다. 신이 죽었는데도 그 사실을 몰랐다. 그저 의지 없이 멍하니 오늘을 살고 있을 뿐이었다. 차라투스트라는 그런 사람들과 헤어졌다. 그리고 자기와 함께할 창조자를 찾고 또다시 고독 속으로 빠져든다.

차라투스트라는 영원히 죽지 않는다는 전설의 불사조와 같다. 끊임없이 창조와 파괴를 반복하기 때문이다. 그리고 허무함을 극복하여 결국 영원 회귀에 이르게 된다.

영원 회귀는 불교에서 말하는 윤회와는 다르다. 윤회는 생명이 있는 것은 죽어서 다른 세계에 다시 태어난다는 사상이다. 이를테면 홍길동은 살면서 행한 선악에 따라 죽은 뒤 극락이나 지옥으로 갈 수도 있고, 개미로 태어날 수도 있다.

반면 영원 회귀란 영원히 다시 돌아온다는 뜻이다. 오늘 한 일이 그대로 반복된다. 즉, 존재의 쳇바퀴가 영원히 돌아가며, 모든 것은 사라져 없어져 버리는 동시에 다시 생겨난다.

영원 회귀

최후의 인간과 초인

니체는 『차라투스트라는 이렇게 말했다』에서 최후의 인간(人間)과 초인(超人)을 대비시켜 보여 준다.

최후의 인간은 마치 동물원 우리에 갇힌 사자처럼 무기력한 인간

을 말한다. 현재에 만족하며 창조적인 의지를 잃어 버렸으므로, 당장 쾌락을 느끼는 것만으로 만족하며 아무 생각 없이 살아간다.

반면 초인은 독일어로 위버멘슈(übermensch)라고 하는데, '뛰어넘는 사람'이라는 뜻이다. 초인은 끊임없이 노력하여 나약한 자신과 한계를 스스로 극복하고 더 높은 곳으로 나아가려 한다. 차라투스트라는 초인에 대해 이렇게 말했다.

"나는 너희들에게 초인을 알려 주겠노라.
사람은 극복되어야 할 그 무엇이다.
너희들은 너희 자신을 극복하기 위해 무엇을 했는가?
지금까지 존재해 온 모든 것은 자신을 뛰어넘어 그 이상의 것을 창조해 왔다. 그런데도 너희들은 이 거대한 밀물을 맞이하여 썰물이 되기를 원하며, 자신을 극복하기보다는 오히려 짐승으로 되돌아가려 하는가?"

낙타와 사자와 어린아이

니체는 차라투스트라의 입을 빌려 이렇게 말했다.
"나는 너희들에게 세 가지 정신의 변화에 대해 이야기하노라. 정신이 어떻게 낙타가 되고, 낙타는 어떻게 사자가 되고, 마지막으로 사자가 어떻게 어린아이가 되는가를."

낙타의 단계

조선 시대에 유교는 정치와 문화, 제도, 정신, 인간 관계에까지 깊숙이 뿌리를 내렸다. 양반, 중인, 상인(常人, 평민), 천민이 철저하게 구별되었다. 조선 시대 사람들은 그것이 진리라고 믿었고 맹목적으로 복종했다. 이처럼 인간은 현실에 맹목적인 믿음을 가지고 복종하는 경우가 많다.

니체는 우리를 둘러싼 문화, 상황을 맹목적으로 따르고 숭배하는 것을 '낙타의 단계'라고 했다. 낙타는 몸집은 크지만 겁이 많고 소심하다. 등 위의 짐이 아무리 무거워도 주인이 시키는 대로 복종하며, 뜨거운 햇볕 속에서 사막을 묵묵히 걸어간다. 낙타의 단계는 이처럼 자기가 이상으로 생각하는 것에 대해 믿음과 두려움을 가지고 숭배하고 인내하는 단계이다.

니체는 맹목적인 믿음을 깨치고, 복종과 노예의 상태를 극복해야 다음 단계로 나아갈 수 있다고 믿었다.

사자의 단계

사자의 단계는 자유로운 정신과 의지의 단계이다. 초원을 달리며 먹이를 사냥하고 울부짖는 사자를 생각해 보라. 우리는 관습처럼 굳어진 선입견과 진리에 대한 맹목적인 믿음을 파괴하여, 사자의 단계에 이르게 된다.

니체가 살던 시대의 사람들은 이성의 힘을 믿었고, 계몽주의 사상이 널리 퍼져 있었다. 니체는 의문을 가졌다. '이성의 힘에 대한 맹목적인 믿음이 과연 옳을까?', '계몽주의가 진리일까?'

니체는 인간이 절대적인 진리를 알 수 없다고 생각했다. 우리가 아는 진리, 당연하게 생각해 왔던 도덕, 종교에 대한 맹목적인 믿음에 의문을 가지고 대항해야 한다고 주장했다.

사자의 단계는 바로 자유로운 정신과 의지로 맹목적인 믿음을 파괴하고, 앞으로 나아가는 단계이다.

어린아이의 단계

순수하고 해맑은 어린아이는 규칙과 가치에 얽매이지 않고, 자신만의 놀이를 만든다. 이와 마찬가지로, 모든 가치를 뒤집어엎은 다음에는 새로운 도덕과 가치를 만들어야 한다. 이러한 새로운 삶을 창조해 내는 존재는 인간을 극복한 존재, 즉 초인이 된다.

인간은 어린아이의 단계에서 그동안 익숙했던 과거와 신의 그림자에서 벗어나 비로소 초인을 향해 나아간다.

인간적인, 너무나 인간적인

어릴 적에 동물원에서 우리에 갇힌 사자를 본 적이 있을 것이다. 니체는 사람들이 우리에 갇힌 짐승과 같다고 생각했다. 사람들은 진리, 도덕, 종교를 맹목적으로 숭배하고 복종한다. 그리고 이성의 힘에 확신을 가지고, 문명의 발전에 자부심을 가진다.

하지만 니체는 인간이 자연 상태의 야생성과 생명력, 자유를 잃어버리고 나약하고 순종적인 존재가 되어 버렸다고 탄식했다. 사람들이 왜 사는지도 모른 채, 뭔가에 쫓기듯이 비참하게 살아간다고 생각했다.

많은 사람들이 니체를 허무주의자라고 생각한다. 진리, 도덕, 종교, 문명, 문화를 모두 부정하고 깨부수라고 했기 때문이다. 하지만 니체는 모든 것을 부정하고 손을 놓아 버리자는 것이 아니었다.

니체는 인간이라는 존재를 긍정적으로 바라보았다. 그는 인간이 자연 상태의 생명력, 즉 권력의지를 회복해야 한다고 주장했다. 그러면 새로운 세계를 제시하는 초인으로 나아갈 수 있다고 믿었다. 그런 면에서 니체의 허무주의는 절망적인 허무주의가 아니라 새로운 탄생의 과정이라고 할 수 있다.

우리는 동물원의 우리에 갇힌 짐승인가, 아니면 자연 상태의 생명력을 가진 인간인가? 나는 진정성을 가지고 치열하게 살고 있는가?

"어느 시대에도 그랬듯이, 오늘날에도 모든 인간은 노예와 자유인으로 나뉜다. 하루의 3분의 2를 자신을 위해 쓰지 못하는 사람은 노예이다.

– 니체의 『인간적인 너무나 인간적인』 중에서

12

히스테리 환자 안나

프로이트의 무의식 발견

스물한 살의 안나 오(Anna O)*는 심한 히스테리 증상을 보였다. 기침이 한번 시작되면 발작적으로 계속되었고, 기침할 때마다 온몸이 뒤틀리고 머리가 흔들려서 극심한 두통에 시달렸다. 오른쪽 옆구리는 마비 증상 때문에 감각을 느낄 수 없었다. 음식을 먹을 수도 없고, 앞도 잘 보이지 않았다. 안나는 신경질환 전문의였던 요제프 브로이어 박사를 찾아갔다.

"기침은 언제부터 시작되었나요?"

 안나 오는 진짜 이름이 아니라, 요제프 브로이어와 프로이트 박사가 환자의 사생활을 보호하기 위해 붙인 가짜 이름이다.

"아버지를 간호하고 석 달쯤 후부터요."

안나는 기억을 더듬었다.

"기침과 두통, 눈이 잘 보이지 않는 것 말고, 또 어떠한 증상이 있나요?"

"평생 써 왔던 독일어를 까맣게 잊어버린 적이 있어요. 말을 하려고 해도 도무지 생각이 나지 않더라고요. 또 사람들이 나를 공격하는 것 같아 두려워요. 나도 어쩔 수 없이 그 사람을 공격해요. 그런데 정신을 차리고 보면 다른 사람들이 날 이상한 눈으로 쳐다보고 있어요. 그 사람은 나를 공격하지 않았대요. 내가 분명히 봤는데 말이에요."

안나 자신도 왜 히스테리 증상이 생겼는지 몰랐다. 브로이어 박사는 안나에게 최면을 걸어 이유를 밝히기로 했다. 박사는 안나에게 최면을 걸고 조심스레 질문을 시작했다.

"기침은 언제부터 시작되었나요?"

"음······ 그러니까······ 아버지를 간호하고 있었는데, 갑자기 옆집에서 신나는 음악이 들리는 거예요. 그곳에 가고 싶어졌어요. 그런데 갑자기 기침이 시작된 거예요. 콜록, 콜록, 콜록, 콜록······."

최면에 걸린 안나는 거침없이 이야기를 쏟아 냈다. 병원에서 아버지를 간호하다가 깜빡 잠이 들었는데, 뱀이 아버지한테 다가가는 꿈을 꾸었다. 꿈에서 안나는 오른쪽 팔에 쥐가 나서 꼼짝할 수 없었고, 기도를 하려고 했지만 말이 입 밖으로 나오지 않았다고 했다.

사람들은 안나가 아버지를 극진히 간호하느라 히스테리 증상이 생겼다고 생각했다. 하지만 브로이어 박사의 생각은 달랐다. 안나가 히스테리* 환자였기 때문에 아버지를 더 열성적으로 간호했다고 생각했다. 실제로 안나의 증상은 아버지가 죽은 뒤에 더 심해졌다.

브로이어 박사는 안나의 증상에 대해 동료 의사인 프로이트와 의논했다.

지그문트 프로이트(Sigmund Freud, 1856~1939)는 안나의 히스테리가 단순한 스트레스 때문이 아니라 무의식에서 비롯되었다고 결론 내렸다.

프로이트에 따르면, 안나는 아픈 아버지를 두고 신나는 음악이 나오는 집으로 뛰쳐나가고 싶어 한 것에 죄책감을 느꼈고, 이는 기침과 오른쪽 옆구리가 마비되는 증상으로 이어졌다.

히스테리(Hysterie)는 '자궁'을 뜻하는 고대 그리스어에서 유래했다. 고대 그리스 사람들은 여자의 자궁이 몸속을 돌아다니다가 마비나 경련 같은 증상을 일으킨다고 생각했다. 이러한 생각은 중세까지도 계속되었다. 즉, 과거에는 히스테리가 정신적인 이유 때문이 아니라 신체적인 이유 때문에 생긴 것이라고 생각했다.

또한 안나의 꿈에 나온 뱀은 성적 욕망을 상징한다고 했다. 결국 프로이트는 안나가 무의식적인 욕망과 죄책감에 시달려 히스테리가 생겼다고 본 것이다.

프로이트는 안나의 사례를 통해 정신이 육체를 지배한다는 사실을 확인했다. 그리고 인간에게 무의식이 존재한다는 확신을 갖게 되었다. 프로이트는 무의식을 일깨우는 치료법을 개발했는데, 이것이 바로 정신분석학의 시초이다.

무의식의 발견

북극이나 남극 바다에는 거대한 얼음덩어리인 빙산이 떠 있다. 우리는 바다 위로 나온 부분만 보지만, 정작 바닷속에는 훨씬 거대한 부분이 숨어 있다.

프로이트는 인간에게는 의식뿐 아니라 무의식의 영역이 있다는 것을 밝혀 냈다. 마치 우리가 물 아래의 빙산은 보지 못하듯, 무의식은 스스로 깨닫지 못하는, 즉 자각하지 못하는 의식을 가리킨다.

프로이트는 우리가 일상생활에서 의식하는 것은 극히 일부분이고, 의식 밑에 깔려 있는 거대한 무의식의 세계가 우리의 생각과 행동에 큰 영향을 미친다고 생각했다.

의식

무의식

"미안해. 깜빡 잊고 책을 안 가져왔어."

"이런, 말실수를 했네. 이건 진짜 실수야, 실수!"

이런 말을 해 본 경험이 있을 것이다. 그때마다 우연히, 정말 우연히 그런 일이 일어났다고 한다.

하지만 프로이트는 인간이 하는 말이나 행동, 느낌, 생각 가운데 우연히 일어나는 일은 없다고 여겼다. 우연히 일어난 것처럼 보여도, 사실은 마음속 깊은 곳에 있는 생각이나 소망, 갈등이 밖으로 드러난 것이라고 믿었다.

좀 과장해서 말하자면, 만약 프로이트라면 책을 안 가져온 것은 공부하기 싫은 마음이 행동으로 나타난 것이고, 말실수를 한 것은 친구를 싫어하는 마음속의 갈등이 겉으로 드러난 것이라고 해석했을 것이다.

억압된 것의 회귀

"이번 주는 수행평가가 왜 이리 많은지. 수학 학원 숙제도 많은데, 스트레스가 심해."

"공부해라, 방 청소해라, 겨울인데 스타킹을 왜 밝은색을 신는 거

니? 엄마의 잔소리에 스트레스가 쌓여."

"초등학생 때 길을 가는데 '끼이익' 하고 브레이크를 밟는 소리가 들려 돌아봤더니, 차에 부딪힌 사람이 공중으로 붕 날아올랐다가 떨어졌어……. 어른들이 달려갔는데, 나는 너무 놀라고 무서워서 꼼짝도 못했어. 그 후로 '끼이익' 하는 소리가 들리면 온몸이 얼어붙어서 꼼짝도 못해. 트라우마가 생겼나 봐."

프로이트에 따르면, 스트레스 같은 심리적인 억압이 쌓이면 이것이 회귀하여(돌아와서) 무의식에 쌓인다. 무의식에 쌓인 억압은 정신적인 외상, 즉 트라우마가 되어 현재의 삶에 영향을 미친다.

프로이트가 주장한 정신분석학은 '억압된 것의 회귀'를 다루는 학문이다. 즉, 심리적 억압이 무의식에 쌓이면 사람과 삶에 어떤 영향을 미치는지 그 의미를 밝히려고 했다.

억압

의식

의식과 삶에 영향을 미침

무의식에 쌓임

무의식

억압된 것의 회귀

무의식과 꿈

프로이트는 우리가 꾸는 '꿈'은 무의식이 반영되어 나타나는 것이라고 생각했다. 그렇다면 무의식에 영향을 받는 꿈은 어떻게 우리의 생활에 영향을 미치는 것일까? 프로이트의 이야기를 들어 보자.

꿈에는 잠재몽과 현재몽이 있다. 현재몽은 누구나 잠을 자면서 꾸는 꿈을 말한다. 귀신한테 쫓기다가 낭떠러지 앞에 선 꿈을 꾸었다면 이는 현재몽이다. 현재몽은 앞뒤가 맞지 않고, 아리송하고, 때로는 과장되기 일쑤이다.

잠재몽은 현재몽의 형태로 나타나는 왜곡된 욕망을 말한다. 잠재몽은 꿈을 꾸게 하는 실제 원인이다. 스스로 의식하지는 못하지만, 욕망과 본능이 간절히 바라는 무의식이다.

앞에서 이야기한 히스테리 환자 안나는 꿈에 커다란 뱀을 보았다. 프로이트는 그 꿈이 성적 욕망이라는 무의식이 표출된 결과라고 보았다. 여기서 성적 욕망이 바로 잠재몽이다.

그런데 욕망은 왜 꿈에서 왜곡되어 나타날까?

우리가 가진 욕망과 본능 가운데는 윤리적으로 받아들이기 어려운 것들이 있다. 어떤 욕망과 본능은 도덕관념 때문에 실제 생활에서 행동으로 옮기거나 머릿속으로 떠올리기조차 꺼려질 수 있다. 그러면 꿈에서조차 진짜 모습을 숨기고, 실제와 다르게 나타나는 것이다. 안나의 꿈에서 성적 욕망이 뱀의 모습으로 나타난 것처럼 말이다.

꿈의 해석

프로이트가 쓴 *Die Traumdeutung*는 우리나라에서 『꿈의 해석』이라는 제목으로 출간되었지만, 말 그대로 번역하면 '꿈의 의미'라고 할 수 있다. 즉, 꿈을 꾸는 이유와 꿈의 작용 방법에 대하여 쓴 책이다. 우리가 꾸는 꿈은 대부분 아리송하고, 황당하고, 의미가 없는 듯 보인다. 하지만 프로이트는 무언지 모를 꿈도 의미가 있다고 생각했다.

　프로이트에 따르면, 현실에서는 표현할 수 없는 억압된 욕망이 무의식에 차곡차곡 쌓이고, 그것이 꿈으로 나타난다. 하지만 그대로가 아니라 은폐된(감추어진) 모습으로 꿈에 등장한다. 그래서 프로이트는 꿈을 "은폐된 소원의 성취"라고 했다.

　프로이트는 꿈에서 일어나는 사건과 사물, 사람은 꿈에서 나타나는 모습 그대로가 아니라, 무엇인가 다른 것을 상징한다고 믿었다.

　다음 날 중간고사를 보는데, 공부를 전혀 하지 않은 꿈을 꾸었다면 어떤 의미일까? 여러분도 이쯤은 금방 짐작할 것이다. 중간고사에 대한 불안한 심리를 보여 주는 꿈이다.

　뒤에서 귀신이 쫓아와서 도망가는데 낭떠러지를 만났다. 그래서 옴짝달싹도 못하다가 깨었다. 그렇다면 이 꿈은 어떤 꿈일까? 이 꿈은 두 가지 반대되는 욕망 사이에서 갈등하는 것을 나타낸다. 즉, 낭떠러지와 귀신이라는 위험한 요소는 감추어진 욕망을 뜻한다. 낭떠

러지와 귀신 사이에서 아무것도 하지 못하고 그대로 있는 것은 갈
등한다는 뜻이다.

프로이트는 이렇게 말했다.

"꿈은 은폐되고 왜곡된 소망이 드러나는 곳이다.
따라서 꿈의 해석을 통해서 무의식의 세계를 알 수 있다."

인간에 대한 새로운 발견

프로이트는 유대인으로 1856년 오스트리아의 빈에서 태어났고,
후에 빈 대학 의학부에서 신경해부학을 공부한 뒤 병원에서 일했
다. 나중에 프랑스 파리로 유학을 갔다가 그곳에서 샤르코라는 의
사를 만나게 된다. 샤르코는 히스테리 치료에 관심이 많았다. 프로
이트는 그에게 최면 치료를 배우고 빈으로 돌아와 신경질환 병원을
열었다.

프로이트는 환자를 치료하면서 얻은 임상 결과를 과학적으로 정
리하려고 했다. 심리학은 당시 학문으로 대우받지 못했다. 이런 상
황에서 프로이트의 『꿈의 해석』은 정신분석학이라는 학문이 만들어
지는 계기가 되었다.

프로이트는 인간의 무의식을 발견했다. 무의식의 발견은 '20세기
의 가장 위대한 발견' 중 하나이다.

서양 사람들은 인간을 이성과 감정을 가진 존재로 보고, 그중에
서도 이성을 중시했다.

그런데 프로이트는 인간이 이성과 감정뿐만 아니라, 깊이를 알 수 없는 무의식을 가진 존재라고 생각했다. 그리고 인간의 무의식은 욕망과 본능으로 가득 차 있다고 주장했다.

우리는 무의식을 발견하면서 인간에 대해 더욱 잘 이해할 수 있게 되었다. 아울러 자신의 내면을 더욱 솔직하게 들여다볼 수 있게 되었다.

프로이트의 연구는 실로 인간에 대한 새로운 발견이라고 할 만

20세기 화가인 이브 탕기의 「내일」. 초현실주의 화가로 꿈 같고 비현실적인 그림을 그렸다. 대표적인 초현실주의 화가로는 달리, 샤갈, 르네 마그리트 등이 있다.

하다. 그의 연구는 철학, 문학, 영화 등 다양한 분야에 큰 영향을 미쳤다. 초현실주의 화가인 달리와 샤갈의 그림도 프로이트의 영향을 받은 것이다.

우리가 자주 쓰는 트라우마, 무의식, 리비도, 오이디푸스 콤플렉스 등의 말도 모두 프로이트의 연구에서 비롯된 말들이다.

잠깐

인간의 성격 구조 — 이드, 에고, 슈퍼에고

"내 친구는 성격이 낙천적이야."

"저 드라마의 남자 주인공은 성격이 까칠해."

성격이란 각 개인이 가진 특유의 성질이나 품성이다. 심리학에서 성격은 개인의 독특한 심리적인 체계를 말하며, 다른 사람과는 다른 행동 양식이다. 성격은 타고나기도 하지만 환경에 영향을 받아 만들어지기도 한다.

프로이트는 인간의 성격이 각각 기능이 다른 3가지 요소, 즉 이드 (id), 에고(ego), 슈퍼에고(superego)로 이루어진다고 주장했다.

이드, 본능적인 충동

이드는 성격의 가장 기본이 되는 바탕으로, 성적인 충동, 공격적인 충동 같은 본능적인 충동을 포함한다.

이드는 현실적으로 가능한지, 결과가 어떻게 될지 생각하지도 않고, 본능적인 충동을 그 자리에서 풀고 싶어 하거나, 욕구의 대상을 상상하여 순간적으로 긴장감을 풀려고 한다. 프로이트는 꿈이나 환각 등은 이드가 욕구를 충족하는 과정이라고 주장했다.

에고, 현실과 타협

에고는 합리적이고 현실 지향적인 부분으로 '현실의 원칙'을 따른다. 그래서 이드와는 달리 현실 상황을 고려하여 용납될 수 있는 방법으로 욕망을 충족하려고 한다. 만약 현실에서 받아들여지지 않을 때는 욕구를 억제하기도 한다. 그런데 에고를 통해 이드의 욕구를 일방적으로 계속 억누르면, 스트레스가 쌓여서 결국 폭발하게 된다.

슈퍼에고, 이상을 좇는 무의식

슈퍼에고(superego)는 도덕적인 규범이나 가치를 대표하는 부분으로, 현실 세계에서 추구할 수 없는 이상을 좇는 무의식이다.
우리는 자라면서 자신이 속한 사회의 도덕규범이나 가치를 배우는데, 이런 것들이 마음속 깊이 자리잡은 것이 바로 슈퍼에고이

다. 슈퍼에고는 한마디로 양심이라고 이해하면 된다.

예를 들어 보자. 시험을 보다가 부정행위를 하고 싶다고 느꼈다. 이 욕구가 바로 이드이다. 그런데 '들키면 0점 처리를 당하고 창피해'라며 참게 된다. 이것이 에고이다. 한편 이 학생은 정직이 바른 것이라고 생각한다. 이처럼 사람들의 사회적인 시선을 '슈퍼에고'라고 할 수 있다.

프로이트는 성격에서 이드, 에고, 슈퍼에고의 역할이 조화롭지 못하면 여러 가지 부적응 증상이 생긴다고 했다.

이드의 욕구가 너무나 강해서 에고가 통제하지 못할 것 같으면, 불안을 느끼게 된다. 이를테면 부정행위를 하고 싶은 욕구가 너무 강해서 참기가 힘들면 스트레스를 받게 된다는 뜻이다.

프로이트의 발달 5단계

프로이트는 사람마다 타고나는 기본적인 성적 본능의 에너지를 '리비도(libido)'라고 하고, 인간의 발달 단계를 리비도의 집중 부위에 따라 5단계로 나누었다. 이 단계를 거치며 성격이 발달하고, 어린 시절의 경험이 성격 형성에 결정적인 영향을 미친다고 했다.

구강기

리비도가 입, 입술, 혀 등 구강에 집중되는 시기이다. 아기는 어머니의 젖가슴을 빠는 것으로 성적 욕구를 충족시키는데, 이때 욕구가 충분히 채워지지 않으면 어른이 되어서도 입에 무엇을 물고 다니며 충족시키려 한다. 흡연이 그 예이다.

항문기

리비도가 항문 주위에 집중되면서, 아이는 변을 참거나 배출시키는 데서 특별한 쾌감을 느낀다.

프로이트에 따르면, 배변 훈련을 너무 엄격하게 받은 아이는 커서 지나치게 엄격하고 냉정한 성격이 된다. 또한 배변 훈련이 지나치게 자유로웠던 아이는 커서 절제력이 부족해진다.

남근기

자신의 성기에 관심을 가지게 되는 시기로, 아이는 남자와 여자의 차이를 깨닫는다. 또 남자아이는 어머니에게, 여자아이는 아버지에게 강하게 끌린다. 그래서 남자아이는 아버지를, 여자아이는 어머니를 경쟁 상대로 생각하고 갈등과 불안을 느끼는데, 이를 '오이디푸스 콤플렉스'라고 한다.

18세기 프랑스 화가 베녜 가녜로의 「신께 자녀들을 맡기는 눈먼 오이디푸스」 장님이 된 오이디푸스가 하늘의 신에게 자녀들에게 축복을 내려 달라고 호소하고 있다.

그리스 신화에서 테베의 왕이 아들을 낳았는데, 그 아들이 장차 자신을 죽이고 왕이 된다는 신탁을 받았다. 그 아들이 바로 오이디푸스다. 오이디푸스는 왕에게 버려져 자신이 왕자인 줄도 모르고 성장했다. 그리고 나중에 이 사실을 모른 채 아버지를 죽이고 어머니인 왕비와 결혼했다. 오이디푸스는 후에 이 사실을 알고 비통해 하며 자신의 눈을 찔러 장님이 되었다. 오이디푸스 콤플렉스는 이 신화에서 따온 이름이다.

아이는 동성인 부모와 자신을 동일시함으로써 이 문제를 해결한다. 또한 이 과정에서 성 역할 규범을 배우고, 사회의 규범과 가치를 받아들인다. 그래서 프로이트는 아이의 성격은 이 시기에 결정된다고 했다.

잠복기

리비도가 무의식 속에 숨어 있는 시기로, 신체에 대한 관심이 줄어들고 동성 친구나 외부에 관심을 갖게 된다.

생식기

이성에게 성적으로 흥미를 느끼며 신체적으로 성숙하고, 성숙한 방법으로 사랑을 하게 되는 시기이다.

프로이트는 모든 사람이 이러한 발달 단계를 거치면서 성장한다고 했다. 그리고 구강기, 항문기, 남근기에서 성격 발달의 기초가 이루어지며, 어린 시절의 성장 경험은 성격 형성에 결정적인 영향을 미친다고 주장했다.

13

생존을 위한 이기적인 전략

리처드 도킨스의 이기적 유전자

눈보라가 몰아치는 남극 바다 위에 거대한 빙산이 떠 있다. 빙산 위에는 펭귄들이 옹기종기 모여 있다. 펭귄들은 물고기 사냥을 하려고 하지만, 바다로 뛰어들지 못하고 망설이고 있다. 잘못했다가는 물속에서 기다리던 바다표범의 날카로운 이빨에 희생당할 수도 있기 때문이다.

만약 용감한 펭귄이 바다에 먼저 뛰어든다면, 다른 펭귄들은 바다표범이 주변에 있는지 없는지 쉽게 알 수 있을 것이다. 그렇지만 누가 제 발로 들어가서 바다표범의 먹이가 되고 싶겠는가?

그때, 풍덩! 소리가 나더니 펭귄 한 마리가 바다에 빠졌다. 정말 용감한 펭귄이 나타난 것일까? 그 펭귄은 겹겹이 서 있던 동료들에게 밀려 바다에 빠졌을 뿐이다.

바다에 빠진 펭귄이 허우적대는 동안 바다표범은 나타나지 않았다. 다른 펭귄들은 비로소 안심하고 물고기를 잡으러 바다에 뛰어들었다. 포식자가 있는지 확인하기 위해 친구를, 동료를 바다로 밀어 넣다니! 이런 이기주의는 동물들의 먹이 사냥에서만 볼 수 있는 모습이 아니다.

동물들은 먹이나 보금자리, 짝을 지을 암컷의 수가 부족할 때, 먼저 차지하기 위해 이기적으로 행동한다. 그중에서도 얄밉게 폐를 끼치는 동물로는 뻐꾸기가 있다.

뻐꾸기는 알을 낳으면 다른 새의 둥지에 자기 알을 몰래 갖다 놓는다. 그래서 다른 새가 자신의 알을 품고 돌보아 새끼를 부화시키고 기르도록 한다.

알을 깨고 나온 뻐꾸기 새끼는 혼자 먹이를 차지하려고, 양부모

새의 알을 둥지 밖으로 밀어 버린다. 양부모 새는 그것도 모른 채 둥지에 남아 있는 뻐꾸기 새끼를 자기 새끼인 줄 알고 키운다.

그렇다면 동물의 세계는 피도 눈물도 없이 이기적이기만 할까? 아니다. 다른 동물을 위하는 이타적인 행동도 많이 볼 수 있다.

벌통에 말벌이나 다른 동물이 가까이 다가가면, 일벌들은 있는 힘을 다해 벌침을 쏜다. 일벌은 벌침을 쏘고 나면 죽는데도 말이다. 또 작은 새들은 독수리나 매와 같은 포식자가 가까이 오면, 특별한 경계음을 내어 자신에게 관심을 돌리고 다른 새들이 도망갈 시간을 벌어 준다.

그런데 이런 행동들도 알고 보면 이기적인 목적을 가지고 있다. 무리를 보호하여 자기 종이 더 많이 살아남게 함으로써 종을 번식시키려는 것이다. 즉, 후대에 유전자를 전달할 확률을 높이기 위해 선택한 전략이라고 할 수 있다.

이기적 유전자

영국의 진화 생물학자인 리처드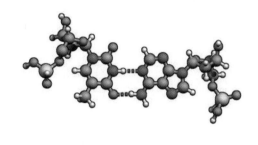
도킨스(Clinton Richard Dawkins, 1941~)
는 『이기적 유전자』라는 대담한 주
장을 담은 책을 냈다.

생명은 어떻게 생겨났을까? 이에 대한 과학자들의 가설은 다양하
다. 생명이 생기고 시간이 지나자, 어느 순간에 자기 자신을 복제할
수 있는 DNA, 즉 유전자가 등장했다. 그런데 유전자는 자신을 복제
하며 자주 오류를 일으키고 이로 인해 돌연
변이가 나타나게 된다. 유전자들 중에서 수
명이 더 긴 것, 더 많은 수를 복제하는 것, 자
신을 더 정확하게 복제하는 것들이 살아남아
진화하고, 서로 경쟁을 벌인다.

이제 유전자들은 생존 경쟁에서 살아남기
위해 자신을 대신할 생존 기계를 만들어 낸
다. 도킨스에 따르면, 나무도, 물고기도, 원숭
이도, 유전자를 유지하기 위한 생명체에 불
과하다.

도킨스는 모든 생명체는 '유전자를 유지하
기 위한 생존 기계'라고 주장했다.

리처드 도킨스의 『이기적 유전자』. 많은
논란을 일으킨 책이다.

 리처드 도킨스는 진화 생물학자로 대중을 위한 쉽고 재미있는 과학책을 썼다. 『이기적 유전
자』, 『눈먼 시계공』, 『불가능한 산 오르기』, 『만들어진 신』 등이 있다. 위트 있는 문체와 풍부한
사례 분석으로 베스트셀러가 되었다.

도킨스가 말하는 '이기적 유전자'는 개체가 아니라 집단으로 행동한다. 펭귄이 다른 펭귄을 밀어 바다에 빠뜨리는 행동이나, 일벌이 벌집을 지키기 위해 침을 쏘고 죽는 것이나, 모두 자기 종의 유전자를 보존하기 위한 행동이라는 것이다.

선택 행위자가 없는 선택

다윈은 진화에 영향을 미치는 선택의 원리로서 인위적인 선택, 성 선택, 자연 선택을 꼽았다. 그런데 도킨스는 여기에 하나를 더했다. 바로 '선택 행위자가 없는 선택'이다.

도킨스에 따르면, 유전자가 개체를 선택하는 것이 아니다. 개체는 여러 유전자들이 조합되어 탄생한다. 그런데 생존 경쟁에서 유리한 개체가 살아남게 되니, 결국 특정한 유전자 조합이 계속 선택되는 것이다.

작은 섬에 다람쥐들이 산다고 하자. 유전자가 특정 다람쥐(개체)를 선택하는 것이 아니다. A 다람쥐와 B 다람쥐가 짝짓기를 하는 과정에서 유전자들이 조합되는 것이다. 그런데 먹이가 부족한 작은 섬에서 먹이 경쟁을 벌이면, 행동이 잽싼 다람쥐가 살아남을 가능성이 높다. 시간이 흐를수록 날쎈 다람쥐들만 살아남고, 이들이 새끼들을 낳아 유전자를 후대로 전달하게 된다.

이제 다람쥐들의 유전자는 먹이 경쟁에 유리한 유전자들로 채워진다. 유전자가 개체를 선택하는 것이 아니라, 생존 경쟁에서 유리한 다람쥐들이 살아남기에 그들의 유전자가 선택된 것뿐이다. 리처드 도킨스는 진화란 "선택된 유전자들의 기록"이라고 했다.

인간이 유전자를 보존하기 위해 존재한다고?

인간은 어떤 존재인가, 인간은 어떻게 살아야 하는가?

수천 년 동안 인류의 현인들이 던진 물음이다. 많은 철학자들은 "인간이 왜 존재하는가?"에 대해 나름의 답을 내놓았다.

목적론적 존재론을 주장한 아리스토텔레스는 "인간이 태어난 목적은 행복하기 위해서"라고 주장했다. 고대 사람들은 노예가 "주인의 명령을 따르기 위해 존재한다"고 생각했다. 중세 신학자들은 "인간은 신의 뜻을 실현하기 위해서 존재한다"고 여겼다.

한편 동양의 철학자인 공자는 "아침에 도(道)를 얻는다면 저녁에 죽어도 좋다"고 했다. 공자는 인간이 도를 얻기 위해 존재한다고 생각했던 것이다.

그런데 리처드 도킨스는 이 질문에 대해 어떻게 대답했다.

"인간이 존재하는 것은 '유전자'를 보존하기 위해서이다."

도킨스는 인간이 유전자를 유지하기 위한 생존 기계라고 주장했다. 그렇다면 인간은 유전자에 미리 프로그램된 대로 먹고 사랑하면서 자신의 유전자를 후대에 전달하는 존재에 불과한 것일까? 도킨스는 이에 대해 "아니오!"라고 답했다.

인간은 무엇이 다른가?

도킨스는 인간의 두뇌가 이기적인 유전자의 명령을 거역할 수 있을 정도로 진화되었다고 했다. 인간은 이성을 가진 존재이고, 눈앞

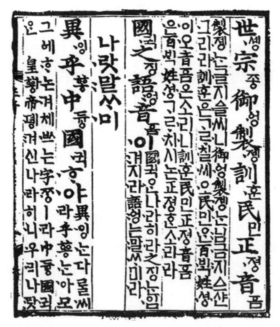

우리나라의 밈(meme)인 한글. 인간의 모든 문화 현상은 밈에 속한다. 밈은 모방 등을 통해 다음 세대로 전달된다.

의 이익이 아니라 장기적인 이익을 추구할 수 있다.

"우리는 유전자의 기계로 만들어졌고,
'밈'의 기계로 자라났다.
그러나 우리에게는 창조자에게 대항할 힘이 있다."

인간은 아메바, 물고기, 낙타 같은 동물과 달리 자유의지가 있다.

 밈(meme) 유전자가 아니라 모방 등으로 다음 세대로 전달되는 것을 말한다. 문화가 전달되려면, 유전자처럼 복제해 주는 중간 매개물이 필요하다. 이 역할을 하는 정보의 단위나 유형, 요소를 '밈'이라고 한다. 모든 문화 현상은 밈에 속한다.

그리고 원숭이, 침팬지 같은 다른 영장류와 달리 '문화'를 만들었다. 인간만이 문화를 창조하고, 그 문화를 후손들에게 전달해 주는 독특한 사회적인 유전자, 즉 유전되지 않는 문화 요소를 가지고 있다. 이것을 밈(meme)이라고 한다.

도킨스는 『이기적 유전자』에서 다윈의 적자생존과 자연선택이라는 개념을 '유전자'의 범주에 적용하여 진화를 설명했다. 진화의 주체가 개체나 종이 아니라 '유전자'라는 것이다.

다윈이 인간은 원숭이와 조상이 같다고 한 것도 놀라운데, 인간이 고작 유전자의 운반 기계에 불과하다니! 그래서 도킨스의 책은 출간된 후 지금까지 과학계와 언론의 찬사와 혹평을 받는 등 큰 논란거리가 되고 있다.

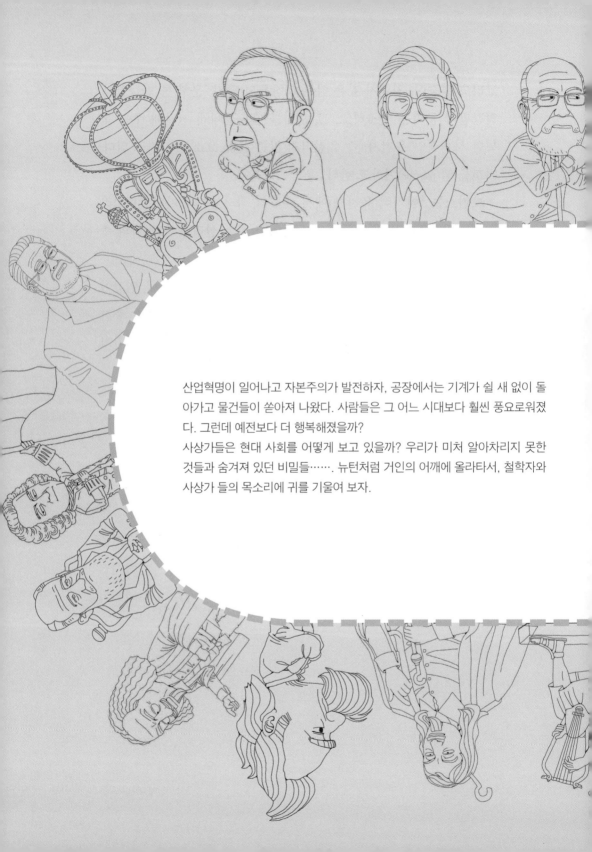

산업혁명이 일어나고 자본주의가 발전하자, 공장에서는 기계가 쉴 새 없이 돌아가고 물건들이 쏟아져 나왔다. 사람들은 그 어느 시대보다 훨씬 풍요로워졌다. 그런데 예전보다 더 행복해졌을까?

사상가들은 현대 사회를 어떻게 보고 있을까? 우리가 미처 알아차리지 못한 것들과 숨겨져 있던 비밀들……. 뉴턴처럼 거인의 어깨에 올라타서, 철학자와 사상가 들의 목소리에 귀를 기울여 보자.

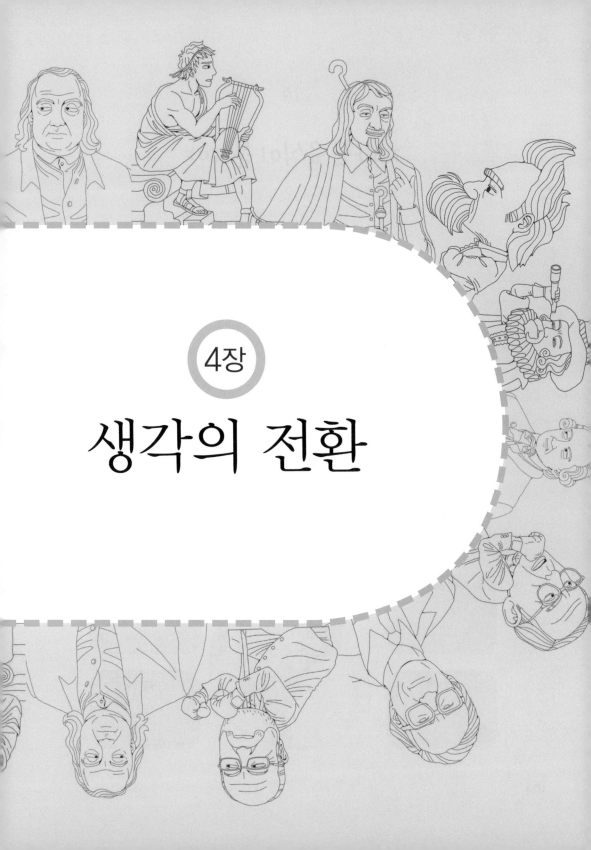

4장

생각의 전환

14

지나친 육식이 문제야
제레미 리프킨의 종말 시리즈

여러분들은 이 놀라운 사실을 아나요?

지구에 살고 있는 모든 동물들을 하나하나 모았을 때
집단의 무게가 가장 많이 나가는 동물은?

1등 새우

2등 개미

3등 사람

4등 소

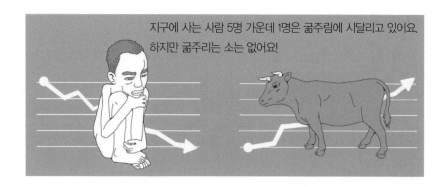

지구에 사는 사람 5명 가운데 1명은 굶주림에 시달리고 있어요.
하지만 굶주리는 소는 없어요!

더 놀라운 사실도 있어요!

햄버거에
들어가는
소고기
패티
한 장은
100그램

패티 한 장을 만들려면
열대 우림의 5㎡(1.5평)가
목초지로 변해야 해요.

맥도날드 매장 하나를
만들려면 그 매장이 있는
도시만큼이 목초지로
변해야 하죠.

여러분은 혹시 알고 있나요?

만약 5,000만 명이 육식을
하지 않는다면

13억 명이 굶주림에서
벗어날 수 있다는
사실을!

육식의 종말

제레미 리프킨(Jeremy Rifkin, 1945~)은 미국의 경제학자이자 문명 비평가이다. 특히 『육식의 종말』이라는 책으로 유명한데, 소와 돼지, 양이 어떻게 '고기'가 되어 우리의 식탁에 오르는지, 매일같이 육식을 즐기는 식탁 문화가 전 세계의 환경과 경제에 어떤 영향을 미치는지를 다룬 책이다.

아프리카나 북한에서는 굶주림이 큰 사회 문제가 되고 있다. 그에 반해 미국과 유럽, 우리나라에서는 비만이 문제가 되고 있다. 덴마크는 국민들의 비만을 적극적으로 막기 위해 햄버거와 피자, 치즈와 같은 식품에 '비만세'를 매기기도 했다.

왜 지구촌 한쪽에서는 비만이 큰 사회 문제인데, 다른 한쪽에서는 굶주림이 가장 큰 문제가 되고 있을까?

제레미 리프킨은 이에 대해 한마디로 대답했다.

"서구인이 고기를 지나치게 많이 먹고 있기 때문이다."

아프리카 대륙 에티오피아의 토지는 매우 비옥하다. 하지만 에티오피아에는 굶주림에 시달리는 사람들이 많다. 오랫동안 계속된 가뭄도 문제이지만, 더 큰 원인은 따로 있었다. 비옥한 땅에 곡식 대신

제레미 리프킨은 현대 문명의 에너지 낭비를 경고한 '엔트로피 법칙'을 통해 전 세계에 알려졌다. 정보사회의 일자리 감소를 경고한 『노동의 종말』, 인터넷의 발달로 소유의 시대에서 접속의 시대가 되었다고 주장한 『소유의 종말』을 발표했다.
『육식의 종말』의 원래 제목은 Beyond Beef(소고기 너머에)이고, 『소유의 종말』의 원래 제목은 The Age of Access(접속의 시대)이다.

가축 사료를 심어 유럽의 여러 나라에 수출했기 때문이다. 만약 그 땅에 사람들이 먹을 곡식을 재배했다면, 에티오피아에서 굶어 죽는 사람들이 많이 줄어들었을 것이다.

현재 미국에서 생산되는 곡물의 70퍼센트는 사람이 아니라 가축이 먹는다. 소고기 50킬로그램을 얻으려면, 소에게 가축 사료를 무려 790킬로그램 이상 먹여 길러야 한다.

그러나 육류뿐 아니라 곡물에서도 단백질을 얻을 수 있다. 이름하여 식물성 단백질이다. 이를테면 $333m^2$(100평)의 땅에 곡물을 심으면, 소 사료를 심는 것보다 단백질을 5배나 더 많이 생산할 수 있다. 그리고 이 땅에 콩류를 심으면 단백질을 10배나 더 많이 생산할 수 있고, 잎이 많은 녹색 야채를 심으면 15배를 더 생산할 수 있다. 특히 시금치를 심으면, 단백질을 26배나 더 많이 생산할 수 있다. 이처럼 땅에 가축 사료보다 곡물 등을 심을 경우, 단백질을 더 풍부하게 얻을 수 있는 것이다.

물론 우리는 식물성 단백질뿐만 아니라 동물성 단백질도 필요하다. 고기를 전혀 먹지 말자는 것이 아니다. 하지만 육류를 지나치게 많이 먹는 것은 건강에도 나쁠 뿐만 아니라, 이처럼 제3세계 사람들이 굶주리는 원인이 된다.

게다가 육식은 지구의 환경을 해친다. 소가 자동차보다 지구의 지표 온도가 올라가는 온실 효과●에 더 큰 영향을 미친다. 소 한 마

 온실 효과는 빛은 받아들이고 열은 내보내지 않은 온실과 같은 작용을 한다는 데서 붙은 이름이다.

리가 내뿜는 온실가스 배출량은 자동차 18대에 맞먹는다고 하니 놀랄 지경이다.

우리가 육식을 줄이면 그만큼 소를 덜 키워도 된다. 그러면 에티오피아 사람들은 그 땅에 곡식을 심어 굶주림에서 벗어날 수 있다. 또한 소들이 내뿜는 온실가스도 줄어드니 지구 환경을 살리는 길이기도 하다.

제레미 리프킨은 미국 도축장의 위생 상태를 고발하기도 했다.

"대규모 도축장의 위생은 끔찍했다. 직원들이 도축한 소를 공정에 따라 해체하느라 여념이 없었다. 그런데 시간에 쫓기다 보니 이물질들을 꼼꼼히 없애지 못했다. 소고기에 녹슨 쇳가루, 부러진 손톱과 발톱, 털 같은 게 묻어 있는 경우도 있었다. 어떤 고기는 너무 오래되어 변질되기도 했다. 그런데 고기가 부패한 것을 숨기느라 인산염을 첨가하기도 했다."•

많은 사람들이 제레미 리프킨의 『육식의 종말』을 읽고, 육식을 줄이거나 채식주의자가 되기도 했다. 또 어떤 사람들은 농장과 관계를 맺어 자신들이 먹을 고기를 직접 기르는 영농 시스템에 참여하기도 했다. 또 지역의 농산물을 소비하자는 로컬 푸드 운동•이 일어나는 계기가 되기도 했다.

업턴 싱클레어가 1906년에 쓴 소설 『정글』에도 비슷한 내용이 나온다. 이 소설은 20세기 초반 미국 정육산업의 부패와 노동자들의 어려운 삶을 그려 낸 작품이다. 이 작품 덕에 미국은 식품 의약품 위생법과 육류 검역법 등을 제정하게 되었다.

로컬 푸드(local food)는 장거리 운송을 거치지 않은 지역 농산물을 말한다. 생산자와 소비자 사이의 거리를 최대한 줄여 신선한 먹거리를 공급할 수 있다. 생산자에게는 안정적인 판로가 보장되고, 소비자에게는 신선한 먹거리가 제공되어 모두에게 이익이 돌아간다.

사바나 효과와 육식의 종말

인류의 조상은 아프리카에서 태어났다. 당시 아프리카는 사바나 기후, 즉 초원이었다.

육식을 하는 종족과 채식을 하는 종족 중 어느 종족이 더 오래 살아남았을까? 아마도 육식을 하는 종족이었을 것이다. 육식을 하면 근육이 잘 발달할 가능성이 높으니, 척박한 환경에서 생존하기가 더 좋았을 것이다.

인간은 본능적으로 육식을 더 좋아한다. '사바나 효과'란 진화 과정을 미루어 볼 때, 인간이 본능적으로 육식을 좋아한다는 것이다. '맛있다'는 말은 사실 '칼로리가 높다'는 말과 같은 뜻이다. 그런데 지금 선진국에서는 육식보다는 채식이 건강에 더 좋다는 것이 상식이 되었고, 육식보다 채식을 더 권하기도 한다.

맛있다.

노동의 종말

제레미 리프킨은 1995년 『노동의 종말』이라는 책에서 앞으로 인간의 노동(일자리)이 자꾸 감소할 것이라고 예상했다. 책이 출간되던 즈음, 전 세계의 실업자는 8억 명에서 10억 명으로 늘었다고 주장했다.

그렇다면 왜 실업이 자꾸 늘어날까? 첨단 기술이 발전하고 정보사회가 되면서, 인간이 하던 일을 기계가 대신하게 되었다.

몇 년 전만 해도 아파트마다 경비원들이 있었지만, 지금은 CCTV 등 무인 경비 시스템을 도입하는 아파트들이 늘고 있다. 그만큼 경비원들의 일자리가 줄어드는 것이다.

예전에는 통장의 돈을 다른 곳으로 이체하려면, 은행 지점에 직접 방문해야 했다. 하지만 지금은 인터넷 뱅킹을 하면 된다. 또 통장의 돈을 찾으려면 은행 창구 직원을 이용했지만, 지금은 곳곳에 있는 ATM(Automated Teller Machine) 기계에서 돈을 찾는다. 요즘은 스마트폰으로도 은행 업무를 볼 수 있다. 이로 인해 금융권의 일자리가 빠르게 줄고 있다. 2015년에만 금융 및 보험업 취업자 수가 4만 8,000명이나 줄었다. 안타깝게도 이처럼 한번 사라진 기존의 일자리는 다시 돌아오지 않는다.

물론 정보사회가 되면서 프로그래머 등 새로운 일자리가 생겼다.

웹 콘텐츠 기획자, 웹 디자이너, 인터넷 개인방송을 하는 BJ* 같은 직업도 나타났다. 이렇게 정보를 생산하고 소비하는 일은 이전 사회에서는 볼 수 없는 노동이다. 이를 통해 우리 사회는 문화적으로 더욱 다양해지고 있다.

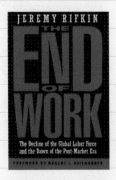

제레미 리프킨의 『노동의 종말』

하지만 이런 직업은 높은 수준의 교육이나 전문적인 능력이 필요하다. 이런 능력이 없는 실업자에게 주어지는 일자리는 대부분 임금이 낮은 비정규직* 이다.

전 세계적으로 일어나는 '노동의 위기'를 극복하려면 어떻게 해야 할까? 제레미 리프킨은 일자리와 일을 만들어 내는 공동체가 중요하며, 노동의 진정한 의미를 찾아야 한다고 주장했다.

예를 들어 컴퓨터나 기계가 할 수 없는 일, 인간만이 할 수 있는 창의적인 아이디어와 예술이 결합하는 일 등을 늘려야 하며, 정부의 투자와 제도가 필요하다고 강조했다.

BJ는 Broadcasting Jacky의 약자이다. 인터넷 개인방송을 하는 사람들을 말한다. 2010년대 중반부터 우리나라에서 큰 인기를 끌고 있다. 주로 게임, 스포츠, 먹방 같은 방송이 인기가 높다.
비정규직은 일하는 방식, 기간 그리고 고용의 지속성을 보장받지 못하는 일자리를 말한다.

잠깐

소유의 시대에서 접속의 시대로

중세 시대에 왕이나 귀족은 장원을 소유했지만, 그곳에 사는 평민들은 토지를 소유하지 못했다. 그들은 평생 장원에 속해 노동했으며, 농사를 지어 그 생산물을 영주에게 바치며 살았다.

그런데 산업혁명 이후 자본주의 사회는 누구나 자신의 재산을 가질 수 있었다. 사람들은 일이나 투자로 재산을 늘리는 것을 중요하게 생각했다. 돈을 모아 번듯한 집과 멋진 차를 사고, 주식, 금, 땅, 명품 가방 등을 소유하는 데 기쁨을 느꼈다. 지금까지의 자본주의는 이처럼 '물질적인 소유의 시대'였다. 돈, 즉 자본이 많은 사람이 부자가 되었다.

제레미 리프킨은 『소유의 종말』에서 앞으로는 물질적인 소유의 시대가 끝나고, 접속의 시대가 될 것이라고 예측했다.

이제 컴퓨터와 네트워크 기술의 발전에 따라 정보사회가 되었다. 정보사회에서는 정보가 매우 중요한 자원이다. 이에 정보를 어떻게 다루느냐가 중요해졌다.

예전에는 영화나 음악을 좋아하는 사람들이 테이프나 CD를 사서 소유했지만, 이제는 언제, 어디서든 스마트폰으로 인터넷에 접속하면 음악을 들을 수 있다.

크리스마스 캐럴을 듣고 싶으면 예전에는 음반을 샀지만, 지금은 네이버나 다음 같은 인터넷 포털 사이트 또는 유튜브(youtube)에 접속해 캐럴을 찾아 들으면 된다.

캐럴을 듣고 싶으면, 음악 CD를 소유하는 게 아니라 유튜브에 접속하는 시대이다.

기업도 빠르게 변하는 환경에 재빨리 적응해야 살아남는다. 앞으로는 상품을 많이 생산하는 기업보다 콘텐츠, 지적 재산이 많은 기업이 장기적으로 더 유리할 수 있다. 문화를 창조하며 고객들과 장기적인 접속(관계)을 유지해 나가는 기업이 미래의 승리자가 될 것이다.

또한 자본(돈)이 아니라 '정보에 접속할 기회가 많은 사람'이 부자가 된다. 미국의 마크 주커버그는 20대에 사람과 사람을 연결시키는 페이스북을 만들어 세계적인 부자가 되었다.

접속의 시대에는 젊은 사람들이 자주 정보에 접속하기 때문에 돈을 더 많이 벌 가능성이 높아진다. 반면 나이가 들면 정보에 접속할 기회가 적기 때문에 돈을 벌기가 어려워진다. 그래서 '소익부노익빈(少益富老益貧)'이라는 말도 생겨났다. 다시 말해 접속의 시대에는 젊은 사람은 점점 부자가 되고, 나이 든 사람들은 점점 가난해진다는 것이다.

15

맥도날드의 세 가지 규칙

조지 리처의 맥도날드화

백화점은 한 건물 안에서 온갖 물건을 살 수 있도록 만든 공간이다. 그런데 백화점에도 없는 것이 있다. 무엇일까?

바로 시계와 창문이다. 백화점에는 시간 가는 줄 모르고 쇼핑에 열중하라고 시계와 창문이 없다. 대신 백화점에는 거울이 많다. 자신의 초라한 모습을 보고 쇼핑을 더 많이 하게끔 부추긴다.

백화점에 가면, 에스컬레이터는 눈에 잘 띄는 중앙에 있다. 사람들은 에스컬레이터를 타고 올라가면서 각 층의 매장을 구경하게 된다. 그러면 쇼핑 충동을 느낄 가능성이 높아진다.

반면 엘리베이터는 눈에 잘 안 띄는 구석에 있다. 엘리베이터를 타고 원하는 층으로 곧바로 가 버리면 쇼핑 충동을 느낄 확률이 줄어들기 때문이다.

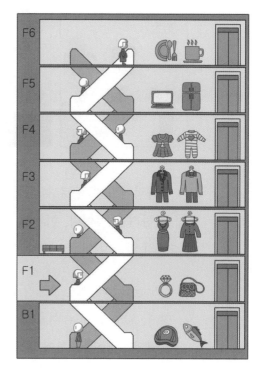

백화점의 식당은 맨 위층에 있다. 식사를 하러 에스컬레이터를 타고 올라가면서도 쇼핑 충동을 느끼게 하기 위해서이다.

백화점의 여성 의류 매장은 남성 의류 매장보다 아래층에 있다. 남성들은 쇼핑을 귀찮아하는 경향이 있기에, 이왕 온 김에 매장이 조금 멀어도 구매한다. 반면 여성들은 다른 것을 사러 왔다가 의류 매장을 둘러보고 충동적으로 옷을 사기도 한다. 그래서 여성 의류 매장을 가까운 곳에 둔다.

여성 의류 매장에는 널찍하고 푹신한 소파가 있다. 여성들은 옷을 살 때 쇼핑을 즐기느라 시간 가는 줄 모르는 경우가 있다. 그런데 같이 온 남성이 피곤해 하며 짜증을 내고 싸우기라도 한다면, 쇼핑을 중단할 수도 있다. 그래서 함께 온 남성이 소파에 앉아 기다릴 수 있게 배려한다.

하지만 남성 의류 매장에는 소파가 없다. 여성들은 남성을 따라다니며 옷을 골라 주느라 앉아 있을 겨를이 없기 때문이다.

　백화점에서는 주로 클래식 음악이 나온다. 천천히 오래 쇼핑을 하게 하려는 것이다. 이처럼 우리가 종종 가는 백화점에는 곳곳에 '경제의 합리성'이 스며들어 있다.

　맥도날드 매장에는 3가지 규칙이 있다.
　첫째, 30초 안에 음식을 주문하게 하라.
　둘째, 5분 안에 음식이 나오게 하라.
　셋째, 15분 안에 먹고 나가게 하라.

　맥도날드 같은 패스트푸드점의 의자는 보기에는 예쁘지만, 오래 앉아 있기에는 불편하다. 또 매장에는 경쾌하고 빠른 음악이 흘러 나온다. 그래야 손님들이 빨리 먹고 나가기 때문에 테이블 회전율이 높아진다.
　맥도날드 매장에도 이처럼 '경제의 합리성' 원칙이 스며들어 있다. 현대 사회의 이런 현상을 날카롭게 파악한 사람이 바로 미국의 사회학자 조지 리처(George Ritzer, 1940~)이다.

맥도날드화

　20세기 초 독일의 사회학자인 막스 베버는 근대 사회의 핵심 원리를 '합리성'이라고 파악했다. 자본주의가 발전함에 따라 더 적은 비용으로, 더 효율적으로 생산하고 판매하기 위해 합리화가 진행되었다는 것이다. 맥도날드의 시스템도 이러한 합리성이 아주 커진

맥도날드화의 4가지 요소

효율성

상품을 빠르게 만들어 파는 효율성이다. 주문, 조리법, 서비스 등 모든 과정을 매뉴얼로 만들어 효율성을 추구한다.

측정 가능성

모든 것을 측정하고 효율적인지 평가한다. 조리 양 및 시간, 비용, 판매량, 직원들의 업무 성과도 계산한다.

예측 가능성

맥도날드의 빅맥은 세계 어디에서든 맛이 비슷하다. 또 매장의 서비스와 인테리어도 거의 같다. 세계 어느 곳에서든 표준화되고 획일화된 서비스를 제공하기에 예측이 가능하다.

통제

주문, 조리, 서비스, 직원 관리 등 모든 과정이 매뉴얼에 따라 통제되고 있다.

것이다. 맥도날드 시스템은 더 적은 돈을 들여, 더 효율적으로 더 많은 돈을 벌기 위한 시스템이다. 이러한 현상은 맥도날드와 같은 패스트푸드점뿐만 아니라 은행, 병원 등 우리 사회 곳곳에 퍼져 있다.

조지 리처는 맥도널드와 같은 시스템이 합리성과 효율성을 앞세우며, 우리 사회와 문화를 지배하는 현상을 맥도날드화(McDonaldization)라고 했다.

맥도날드화의 특징은 한마디로 대량 생산과 표준화된 시스템이다. 맥도날드에서는 모든 것이 표준화되어 있다. 맥도날드의 간판은 통일되어 있어서 멀리서 보더라도 한눈에 '저기 맥도날드가 있군'이라며 단박에 알아차릴 수 있다. 맥도날드에서 파는 햄버거와 음료는 거의 동일하며, 전 세계 어느 곳을 가더라도 비슷한 품질의 맛을 예상할 수 있다.

맥도날드화의 문제점

맥도날드화의 특징인 표준화된 시스템과 매뉴얼화는 패스트푸드점뿐만 아니라 기업이나 학교, 극장, 카페, 마트, 병원 등 사회 전체에 널리 퍼져 있다.

"맥도날드는 음식점 사업뿐만 아니라 미국 사회,
 궁극적으로 전 세계에 혁명을 가져왔다."

이를테면 종합병원에서는 효율성을 강조하면서 의료 서비스를 좀 더 빠르게 제공하고 있다. 병원에 가면 번호표를 뽑아 차례를 기다리고, 진료를 받고 난 뒤에는 처방전을 받아 약국으로 가게끔 분업화되어 있다.

맥도날드화의 합리화 과정은 나름대로 이유가 있고 유익한 면도 있다. 하지만 무작정 합리성만 추구하다 보면 오히려 불합리한 상황을 만들기도 한다.

종합병원에서는 맥도날드화로 의료 서비스를 더 빠르게 제공하고, 더 많은 환자를 진찰하게 되어 수익이

맥도날드화는 종합병원까지 퍼져 있다. 효율성은 좋아졌지만, 인간 소외가 발생할 수 있다.

늘어났다. 하지만 의사가 환자 한 명을 진료하는 시간이 고작 10분에 불과하다. 길어야 20분이고, 심지어 5분이 채 안 될 때도 있다.

그러니 종합병원 의사는 환자에게 증상을 찬찬히 물어보며 진료할 수 없고, 환자의 불안한 마음을 살펴줄 여력이 없다. 의사가 기계적으로 빠르게 진료하니, 자연히 환자도 의사를 신뢰하기가 어렵다.

맥도날드화는 목적과 수단을 뒤바꾸어 버린다. 의사는 환자의 병을 치료하는 것이 목적인데, 종합병원에서 효율성만 추구하다 보니 본래의 목적은 사라지고 수단이 그 자리를 차지하게 되었다. 이러한 의료 현실에서는 사람은 뒤로 밀리고 효율성만이 강조된다. 맥도날드화는 이처럼 인간 소외*의 원인이 되기도 한다.

맥도날드 시스템은 합리적이고 효율적이지만, 삶의 질을 나쁘게

 인간 소외란 기계 문명이나 거대한 조직, 또는 정보사회로 인해, 인간성과 인간다운 삶을 잃게 되는 현상을 말한다.

만들 수도 있다. 또한 합리성과 매뉴얼만 강조하다 보면 인간이 가지고 있는 창의성을 발휘할 기회가 줄어든다.

맥도날드화가 사라질까?

맥도날드는 예전에는 '크고(big) 많은(many) 양'만 강조했지만, 지금은 건강을 위해서 샐러드 같은 메뉴를 내놓기도 한다. 그리고 어느 곳에서나 통용되는 표준화된 메뉴뿐만 아니라 지역의 특징을 반영한 특수한 메뉴를 내놓기도 한다. 인도의 맥도날드에서 파는 햄버거는 소고기를 쓰지 않는다. 힌두교인들은 소를 신성시하여 소고기를 먹지 않기 때문이다. 대신 양고기를 쓴다.

그렇다면 다품종 소량 생산체제가 되면 맥도날드화가 사라질까?
어떤 사람들은 다품종 소량 생산체제가 큰 흐름이 되면서 맥도날드화가 줄어들고 있다고 주장한다. 맥도날드식 생산 방법이 한계에 부딪친 것은 사실이다. 그렇다고 해서 맥도날드화가 사라질 거라는 생각은 너무 단순한 사고방식이다.

골목에 자리잡은 예쁘고 특색 있던 동네 카페들이 결국 경쟁에서 밀려 프랜차이즈 카페로 바뀌는 경우가 많다. 이는 맥도날드화가 우리 사회에서 여전히 강력한 힘을 가지고 있다는 것을 보여 준다.

맥도날드화와 아우슈비츠

폴란드에 있는 아우슈비츠 강제 수용소. 이곳에서만 제2차 세계 대전 당시에 무려 100만 명의 유대인이 학살되었다. 나치는 가장 빠른 시간에 많은 사람들을 효율적으로 죽이기 위해 가스실을 이용했다. 일할 기력이 없는 사람들을 가스실로 보냈다. 목욕을 한다고 했기에, 사람들은 모두 벗은 채였다. 천장의 구멍에서 물이 나올 때도 있었고, 죽음의 가스가 나올 때도 있었다.

조지 리처는 아우슈비츠의 대학살이 맥도날드화의 기본 특성과 비슷한 점이 있다고 주장했다.

아우슈비츠는 많은 사람들을 죽이기 위한 효율적인 메커니즘이 있었고, 최단기간에 얼마나 많은 사람들을 죽일 수 있는지와 같은 계산 가능성을 강조했으며, 대량 학살의 절차(매뉴얼화)를 만들고 철저하게 통제했다.

만화책 『쥐: 한 생존자의 이야기』 폴란드 부호 일가가 아우슈비츠에 끌려가 겪은 일을 그렸다. 만화책으로서는 유일하게 풀리처상을 받은 명작이다.

인간의 잔혹성과 야만성을 보여주는 곳, 사람을 죽이는 데도 효율성을 중시했던 곳, 우리가 잊지 말아야 할 슬픈 진실이다.

포드주의의 한계

1769년 프랑스의 공병 대위였던 조제프 퀴뇨는 말 대신 무거운 대포를 끌 수 있는 기계를 만들고자 했다. 그러다가 증기기관으로 움직이는 기계를 발명했다. 그런데 이 기계는 인간이 걷는 속도보다 조금 빨랐다고 한다.

10여 년 뒤에는 세계 최초로 증기 자동차가 발명되었다. 이것이 오늘날 자동차의 시초이다. 하지만 제작 과정이 너무 복잡해서 생산량이 적었고 매우 비쌌다.

20세기 초반에 헨리 포드가 자동차를 대량 생산했다. 특히 모델 T 라는 자동차가 큰 인기를 끌었다. 포드주의란 컨베이어 벨트 생산 방식으로 작업 과정을 세분화, 분업화하여 생산성을 높인 것이다.

1911년 포드 자동차 광고(위키피디아)

공장에 컨베이어 벨트를 설치하고, 자동차를 만드는 과정에 따라 노동자들이 배치된다. 자동차의 문짝을 다는 사람들은 문짝만 달고, 바퀴를 다는 사람들은 바퀴만 단다. 이렇게 컨베이어 벨트를 한 바퀴 돌면 자동차가 완성된다.

포드주의는 큰 변화를 일으켰다. 대량 생산이 가능해지자 물건들이 쏟아져 나왔다. 자동차가 대중화되었고 냉장고, 라디오, 텔레비전 등도 빠르게 보급되었다. 대량 생산 시대에는 엄청나게 큰 공장이 필요한데, 이런 공장은 땅값이 싼 허허벌판에 세워졌다. 노동자들은 공장 지역까지 자동차로 출퇴근해야 했다. 퇴근한 후에쉴 수 있는 안락한 집도 필요했다. 그러자 소비하기 쉽도록 금융기관에서 대출 상품, 신용카드를 만들었다.

포드주의는 대량 생산, 대량 소비를 통해 자본주의의 번영을 이끌었다. 그런데 컨베이어 벨트 생산 방식은 노동 강도가 너무 강했다. 컨베이어 벨트는 빠르게 끊임없이 돌아갔고, 노동자들은 잠시도 쉴 틈 없이 일해야 했다. 이에 노동자들이 반기를 들기도 했다.

요즘은 소비 형태가 바뀌어 다양화를 추구한다. 대량 생산된 제품보다 개성 있는 제품을 선호하는 경향도 나타나고 있다. 그래서 대량 생산뿐만 아니라 다품종 소량 생산 방식이 등장했다.

1913년 포드 자동차의 공장 모습. 컨베이어 벨트에 늘어선 노동자들이 바퀴를 조립하고 있다.(위키피디아)

16

이념 충돌에서 문명 충돌로

새뮤얼 헌팅턴의 문명 충돌론

2001년 9월 11일 아침.

미국에서 비행기 넉 대가 납치당하여 미국의 심장부를 강타한 테러가 발생했다. 그중 한 대는 뉴욕의 세계무역센터 북쪽 건물에 충돌했다. 잠시 뒤, 두 번째 비행기가 세계무역센터의 남쪽 건물에 날아들었다. 한 시간 뒤에는 세 번째 비행기가 워싱턴의 국방부 건물로 향했고, 마지막 비행기는 피츠버그 동남쪽에 추락했다. '쌍둥이 빌딩'이라 불리던 세계무역센터는 완전히 무너져 내렸고, 국방부 건물은 일부가 손상되었으며, 사망자와 실종자가 3,000여 명에 달했다.

미국은 순식간에 아수라장으로 변했다. 세계무역센터가 무너지는 장면은 전 세계로 생중계되었고 사람들은 경악했다. 조지 부시 대통령은 이 테러를 '전쟁 행위'라고 규정하며 보복하겠다고 선언했다. 그리고 사우디아라비아 출신의 오사마 빈 라덴과 그가 이끄는 알카에다(Al-Qaeda, '근본'이라는 뜻) 조직을 테러의 배후로 지목하고 테러와의 전쟁, 이슬람 반미 세력과의 전쟁을 선포했다.

같은 해 10월, 미국은 이슬람 무장 세력인 탈레반이 오사마 빈 라덴을 미국에 넘기지 않는다는 이유로 세계에서 가장 가난한 나라 중 하나인 아프가니스탄을 공격했다. 유럽을 비롯한 다른 나라들도 이 전쟁에 참가했다.

미국은 항공모함과 전투기, 폭격기 등 어마어마한 전투력을 앞세워 탈레반 정권을 무너뜨리고, 반탈레반 정권인 과도정부를 세웠다. 하지만 미국이 처음에 전쟁의 목표로 삼았던 알카에다 조직을 완전히 뿌리 뽑지는 못했다.

전쟁이 끝난 뒤, 미국에서는 아프가니스탄 곳곳이 파괴되고 많은 사람들이 죽은 사실이 알려지면서, 전쟁이 정말로 옳은 선택이었는지 의문을 제기하는 반대 여론이 일어나기도 했다.

이념 충돌에서 문명 충돌로

제2차 세계대전이 끝난 뒤, 전 세계가 미국과 소련을 중심으로 자본주의와 공산주의 진영으로 나뉘어졌다.

자본주의는 기계, 설비, 건물, 땅 등 생산수단을 개인이나 기업이 소유하며, 공산주의는 이러한 생산수단을 국가가 소유한다. 우리나라는 자본주의 국가이고, 북한은 공산주의 국가이다. 북한은 땅, 공장, 집까지 모두 국가의 소유이다.

제2차 세계대전 후 세계가 이처럼 양대 진영으로 갈라져 초강대국인 미국과 소련이 커다란 영향력을 행사했는데, 이 시기를 '냉전 시대'라고 한다.

1991년 공산주의 진영의 리더였던 소련(소비에트연방)이 공식적으로 해체되었고, 러시아, 우크라이나 등 여러 나라로 쪼개지면서 냉전 시대가 막을 내렸다. 이에 초강대국은 단 하나, 미국밖에 없었다.● 이제 새로운 형태의 국제질서가 필요해졌다.

그렇다면 냉전 이후의 세계를 어떻게 해석하고 바라보아야 할까?

1999년 유럽 국가들은 '하나의 유럽'이라는 목소리 아래 서로 뭉쳤다. 현재 독일, 프랑스, 영국, 벨기에 등 28개 국이 유럽연합(EU)에 가입해 있다. (2016년 5월 현재 영국의 EU 탈퇴 가능성이 있다.) 유럽연합은 각자 다른 나라이지만 '유로'라는 공통의 화폐를 사용하는 경제 공동체이다. 2000년대 이후 중국이 크게 성장해 새 세력으로 떠올랐다. 지금 세계는 미국, 유럽연합, 중국, 이렇게 세 개의 큰 세력이 있다. 하지만 여전히 미국이 가장 막강한 힘을 가진 초강대국이다.

그리스정교회 문명

서구 문명(기독교권)

일본 문명

이슬람 문명

중화 문명

힌두 문명

단독 국가들 및 비주류 문명

라틴아메리카 문명

아프리카 문명

새뮤얼 헌팅턴의 8대 문명권

미국의 정치학자인 새뮤얼 헌팅턴은 이렇게 말했다.

"이념은 가고, 그 자리를 문명이 차지할 것이다."

과거에는 자본주의와 공산주의처럼 '이념 갈등에 의한 분쟁'이 많았다. 그런데 헌팅턴은 앞으로 서로 다른 '문명의 충돌'이 세계적인 분쟁의 핵심이 될 것이라고 주장했다. 여기서 문명이란 언어, 종교 등 여러 가지 문화적인 특징이 모인 덩어리다. 즉 나라나 민족, 지역에 형성되어 있는 문명권*을 말한다.

헌팅턴은 문명권을 나누는 핵심이 '종교'라고 생각했다. 그리고

 문명권이 되려면, 다른 지역의 문명과 구별되는 독특함이 있어야 한다. 또한 문명의 역사가 길어야 하며, 나라나 민족을 넘어 넓은 지역에 분포되어야 하고, 지역사회에 오래 영향력을 미쳐야 한다.

문명권을 서구 문명(기독교권), 그리스정교회 문명, 이슬람 문명, 중화 문명(유교 및 불교권), 일본 문명, 힌두 문명, 라틴아메리카 문명, 아프리카 문명(비이슬람) 등 여덟 가지로 나누었다.

헌팅턴은 각 문명권이 중심이 되는 나라를 가운데 두고 계속 뭉치고 흩어진다고 생각했다. 또 중심 국가가 없는 이슬람권과 라틴아메리카권, 아프리카권은 세계 질서를 불안하게 만드는 요소가 될 수 있다고 주장했다.

헌팅턴이 말하는 문명 충돌의 예를 알아보자.

미국은 2001년 9.11 테러가 일어난 뒤, 애국법이라는 것을 만들어 미국 내에 있는 이슬람 사람들에게 지문을 찍게 했다. 애국법은 유무선 전자통신을 도청할 수 있도록 허용하고, 테러리스트로 의심되면 영장 없이도 체포할 수 있게 했다. 인권을 침해한다는 논란을 불러일으켰으며, 도청 허용은 폐지되었다.

애국법에 따르면 사무직 종사자인 40대 백인들은 의심을 덜 받는다. 하지만 이슬람 출신의 미국인들은 예비 범죄자로 취급받았다. 미국의 애국법은 문명의 충돌을 보여 주는 예라고 할 수 있다.

문명의 충돌을 막으려면

헌팅턴은 하나의 문명이 다른 문명과 교류하면서 변하거나 융합할 수 없다고 생각했다. 그래서 문명의 충돌을 막는 것에 관심을 두었다. 문명 사이의 경계를 명확히 함으로써 갈등이 일어나는 면적을 최소한으로 줄이자고 주장했다.

그렇게 하지 않으면, 유교 문명권과 이슬람 문명권이 동맹을 맺어 기독교 문명권을 공동의 적으로 돌리는 악몽이 현실에서 일어날 수도 있다고 생각했다. 즉 서구 문명과 비서구 문명이 충돌할 수 있다는 말이다. 헌팅턴은 특히 서구 문명에 도전하는 위협적인 세력으로 이슬람과 중국에 주목했다.

헌팅턴의 말을 들어 보자.

"이념은 가고 그 자리를 문명이 차지할 것이다. ……
미래에 서구의 교만함, 이슬람의 편협함,
중화(중국)의 자존심으로 인해 큰 충돌이 일어날 수 있다.
특히 아시아, 그중에서도 동아시아는 각 문명이
힘을 겨루는 무대가 될 것이다."

새뮤얼 헌팅턴의 문명 충돌론은 많은 비판을 받았다. 미국이나 서구, 다시 말해 기독교 문명권이 주도권을 잡아야 한다고 주장하고, 이슬람과 비기독교 문명권을 위협으로 보았다. 또한 8대 문명권 외의 다양한 민족과 종족은 무시하고, 정치·경제 등 다양한 갈등 요인도 고려하지 않았다는 문제가 있다.

하랄트 뮐러의 문명의 공존

독일의 국제관계학 학자인 하랄트 뮐러는 『문명의 공존』에서, 새
뮤얼 헌팅턴의 문명 충돌론은 서구 문명과 비서구 문명을 나누고,
비서구 문명을 악으로 취급한다며 비판했다.

하랄트 뮐러는 '문명은 서로 공존할 수 있다'고 주장했다. 뿐만 아
니라 주류 문화와 비주류 문화도 공존할 수 있다고 생각했다.
하랄트 뮐러는 세계사에서 커다란 충돌과 대립은 '문명'이 아니
라 국가, 계급, 인종, 민족 등 다양한 요인 때문에 생긴다고 주장
했다. 특히 '과도한 국가주의'를 가장 큰 원인으로 생각했다.
예를 들어 제2차 세계대전에서 독일의 히틀러는 600만 명의 유대
인을 학살했다. 새뮤얼 헌팅턴이라면, 이것을 기독교 문명권과 유
대 문명권의 충돌로 해석했을 것
이다.

연설하고 있는 히틀러.

하지만 독일 국민들이 히틀러에
게 선동된 데에는 당시의 경제
상황이 큰 영향을 미쳤다. 독일
은 1914년 제1차 세계대전을 일
으켰고, 4년 후 연합국에 패배하

면서 막대한 전쟁 보상금을 내야 했다. 설상가상으로 1930년대 미국 대공황의 여파까지 불어닥쳤다. 독일 국민들은 극심한 경제적 고통을 겪었고, 히틀러가 이들을 선동하면서 제2차 세계대전이 일어난 것이다. 단순히 문명권의 충돌로 볼 문제가 아니다. 하랄트 뮐러의 지적처럼 '과도한 국가주의'가 문제였다.

앞으로도 세계대전과 같은 비극이 일어날 수 있을까? 이러한 대립과 분쟁을 막으려면 어떻게 해야 할까?
하랄트 뮐러는 세계가 공존할 수 있다고 믿었다. 그는 대립과 갈등의 요인은 문명이 아니라 국가, 민족, 인종, 계급 등 다양하다고 생각했다. 그래서 대립과 분쟁을 막으려면, 문화의 다양성을 인정하며 다른 문명을 이해하고, 서로 개방하고 대화하며 공존해야 한다고 주장했다. 그리고 그 과정에서 서구 사회가 먼저 모범을 보여야 한다고 했다.

문명은 공존할 수 있어요

아념은 가고 그 자리를 문명이 차지할 것이다.

17

침팬지, 자연 그리고 인간

제인 구달의 자연과 공존하기

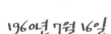

1960년 7월 16일

아프리카 탕가니카(지금의 탄자니아)의 곰베 강가에 캠프를 차렸다.
드디어 침팬지 연구를 시작하게 되다니!

사람들은 내가 이곳에서 석 달을 견디지 못할 거라고 수군거렸지
만, 오직 루이스 리키 박사님만이 나를 믿어 주셨다. 박사님의 믿
음에 보답해야 할 텐데 걱정이 된다. 하지만 그런 걱정도 잠시, 가
슴 속에서 무언가 뜨거운 것이 몽글몽글 솟아오르는 것 같다. 설
렘일까? 두려움일까?

배를 타고 곰베 강가에 내리자, 개코원숭이 울음소리가 들려왔다.
"우히히 이히히히."

"우키키 이키키키."
나를 반겨 주는구나! 그래, 여기가 바로 내가 꿈꾸던 곳이야!

1960년 7월 25일
이곳에 온 다음 날부터 숲으로 가서 침팬지를 찾아다녔다. 하지만
침팬지는 멀리서 내 모습이 보이기만 하면 화들짝 놀라 도망가
버렸다.
어떻게 하면 침팬지에게 가까이 갈 수 있을까?
침팬지와 친해지려면 어떻게 해야 하지?

1961년 7월
1년이 다 되었지만, 침팬지는 여전히 나를 피한다.
침팬지에게 다가가려고, 침팬지 가까이에 있는 가시덤불로 기어
갔다. 하지만 침팬지들은 내가 다가가는 것을 느꼈는지 곧바로 다
른 곳으로 가 버렸다. 그래도 한 가지 희망적인 것은, 조금씩 침팬
지에게 가까워지고 있다는 것이다.
……

캠프로 돌아와 상처를 치료했다. 숲에서는 침팬지를 관찰하느라 상처가 이렇게 깊은 줄 몰랐다. 가시에 찔린 팔이 쓰라렸다.

1961년 8월

이 감동을 어떻게 설명해야 할까? 글로는 도저히 내 기분을 표현할 수가 없다!

오늘 드디어! 마침내! 침팬지 한 마리가 나에게 다가왔다.

텐트 안을 정리하고 돌아서는데, 침팬지 한 마리가 조심조심 다가오는 것이 보였다. 나는 그 자리에서 꼼짝도 하지 않았다. 혹시나 움직이면 침팬지가 겁을 먹고 도망갈 것 같았다.

침팬지는 탁자 위에 있는 바나나를 뚫어지게 바라보았다. 내가 움직이거나 소리를 내지 않으니 괜찮다고 생각했던 것일까? 침팬지가 다가와 바나나를 가져갔다.

1년이 넘었지만, 침팬지가 이렇게 가까이 다가온 것은 처음이다. 분명 좋은 신호다!

1962년 7월

자세히 보면 침팬지는 모두 얼굴이 다르다. 얼룩말의 줄무늬가 모두 다른 것처럼 말이다.

사람들은 동물을 연구할 때 1번, 2번, 3번…… 이렇게 번호를 붙여 부르곤 한다.

하지만 나는 침팬지에게 이름을 붙여 주었다.

갈라하드, 고블린, 비비, 파니, 피피…….

번호로 부르면 왠지 침팬지와 교감을 나누기 어려울 것 같았다.

1960년 7월 16일, 26세의 제인 구달은 곰베 강가에 캠프를 차리고 침팬지 연구를 시작했다. 이 가냘픈 여인의 연구는 그때까지의 연구와는 달랐다. 그녀의 연구는 침팬지뿐만 아니라 모든 동물 연구에 새로운 길을 열었다. 그전까지는 자연 상태의 동물을 직접 옆에서 연구하는 경우가 거의 없었다. 하지만 그녀는 동물을 실험 대상, 연구 대상으로만 보지 않고, 동물들과 교감했다. 또한 이런 연구를 통해 인간이 동물을 비롯한 자연과 어떻게 교감할 수 있는지 고민했다.

침팬지 연구

영국의 동물학자이자 환경운동가인 제인 구달(Jane Goodall, 1934~)은 무려 50년 동안 침팬지를 관찰했다. 모든 연구 활동에서 반드시 갖추어야 할 덕목을 꼽는다면 천재성이 아니라 끈기일 것이다. 끈기라고 하면 제인 구달을 따라올 사람이 없다.

낯선 인간을 경계하는 침팬지 무리에 다가가는 데 무려 1년이 걸

침팬지가 기다란 나뭇가지로 구멍의 흰개미를 잡고 있다. 침팬지도 도구를 사용한다.(위키피디아)

렸다. 그제야 침팬지 무리는 구달이 90미터 앞에까지 접근하는 것을 허락했다.

제인 구달은 침팬지들이 채식뿐만 아니라 육식을 즐기며 사냥도 한다는 것을 알아냈다. 또한 침팬지가 기다란 나뭇가지를 꺾어 나뭇잎을 떼어 내고는 구멍에 넣어 흰개미를 잡는 것을 발견했다. 침팬지가 '도구'를 사용한 것이다!

침팬지는 친밀한 가족 관계를 이루고 사회생활을 한다. 부모 자식의 관계는 평생 동안 이어질 정도이다. 침팬지들은 대부분의 시간을 서로 털을 골라 주며 보낸다. 이는 몸을 깨끗하게 해 줄 뿐만 아니라 서로 친해지는 방법이기도 하다.

구달은 침팬지가 울음소리로 의사소통을 한다는 사실도 알아냈다. 울음소리의 종류가 30가지가 넘었다. 배고플 때, 적이 쳐들어왔을 때, 사랑할 때, 복종할 때 등 상황에 따라 울음소리가 달랐다.

침팬지들은 부모가 죽은 어린 고아 침팬지를 마치 자기 자식처럼 키우기도 했다. 한편 수컷 다섯 마리가 다른 수컷 한 마리를 때리고 발로 차고 물어뜯기도 했다. 편을 나누어 싸움을 하거나 심지어 죽이기도 했다. 이처럼 침팬지도 인간과 마찬가지로 밝고 어두운 본성을 모두 가지고 있었다.

제인 구달은 오랑우탄, 보노보 등도 연구했는데, 특히 보노보는 매우 사회적이고 다른 동료를 보듬고 배려할 줄 알았다. 무리에 새로 들어온 늙은 보노보가 새로운 환경에 적응하지 못하고 우왕좌왕하자, 젊은 보노보들이 도와주기도 했다.

당시 사람들은 인간만이 도구를 사용한다고 생각했다. 또한 인간만이 언어로 의사소통을 하고, 가족 간의 정을 느낀다고 믿었다.

그런데 침팬지도 도구를 사용하고, 언어로 의사소통을 하고, 가족의 정을 나누는 게 아닌가! 그렇다면 과연 인간을 동물과 다른 존재로 만드는 것은 무엇일까?

자연과 공존하기

침팬지가 사는 탄자니아의 열대 우림은 전쟁과 흉년, 굶주림 때문에 황폐해졌다. 또 열대 우림을 함부로 일구어 곳곳이 개간지로 변했다. 침팬지도, 그곳에 살던 사람들도 힘들어졌다.

"침팬지가 살 수 없는 곳에서는 인간도 살 수 없다!"

환경오염과 지구 온난화 문제는 이미 현실로 나타나고 있다. 사람들은 지구의 생명을 지키기 위해 온갖 노력을 기울이고 있다. 환경 위기를 알리는 영화와 다큐멘터리, 책, 광고를 통해 홍보하고, 친환경 에너지도 활발하게 개발하고 있다. 아직 갈 길은 멀지만, 이런 노력으로 환경이 조금씩 바뀌고 있다.

제인 구달은 동물 연구에서 얻은 깨달음을 널리 알리기 위해 전 세계를 돌아다니며 강연한다. 그녀는 자서전에서 이렇게 말했다.

"우리 모두가 그들에게 귀를 기울이고 돕기 시작한다면,
모든 생물들이 함께 살아갈 수 있는 멋진 세상을 만들 수
있지 않을까요?"

18

무질서 속의 질서를 찾아서

제임스 글리크의 카오스 이론

어릴 시절, 에반은 사람을 잔인하게 죽이는 그림을 그려 선생님과 어머니를 깜짝 놀라게 했다. 부엌에서 칼을 들고 멍하니 서 있기도 했다. 정작 에반은 자신이 왜 그런 일을 했는지 전혀 기억하지 못했다. 혹시 뇌에 문제가 있는 건 아닐까?

하지만 병원에서 검사를 받아도 뇌에는 아무 이상이 없었다. 에반은 정신과 치료를 받았다. 의사는 에반에게 기억을 잃을 때마다 자신이 겪은 일을 일기로 쓰라고 했다.

시간이 흘러 에반은 대학생이 되었고, 교수들에게도 칭찬받는 모범생이었다.

어느 날, 에반은 어릴 적에 쓴 일기를 읽다가 과거로 가는 시공간의 이동 통로를 발견한다. 그래서 과거로 돌아가 떠올리기 싫은 기억을 지우려고 한다.

에반의 첫사랑인 켈리는 이미 죽었는데, 에반은 그녀를 살리기 위해 과거로 간다. 그런데 과거로 돌아가 미래를 바꿀 때마다 상황이 예상하지 못한 방향으로 흘러간다.

과거를 바꾸어 멀어졌던 친구들과 다시 만나고 예전처럼 사이좋게 지내지만, 이번에는 엄마가 암에 걸린다. 친구들의 일은 모두 잘 해결되었지만, 정작 자신은 팔과 다리를 잃게 된다. 그 상황을 바꾸기 위해 에반은 다시 과거로 돌아가 미래를 바꾸지만, 그럴 때마다 상황이 더 나빠진다. 에반은 친구를 위해, 가족을 위해, 그리고 사랑하는 사람을 위해 계속 과거로 돌아가는데…….

시간을 거슬러 올라가 미래를 바꾸는 영화 「나비 효과」는 카오스 이론을 바탕으로 한다. 이 영화는 결말이 네 가지나 된다. 어떤 결말은 여운을 남기고, 어떤 결말은 해피엔드로 마무리되고, 열린 결말로 끝나기도 하고, 충격적인 결말도 있다. 여하튼 결말에 상관없이, '어떤 일이든 작은 변화가 엄청나게 다른 결과를 가져올 수도 있다'는 것을 보여 주는 영화이다.

영화 「나비 효과」. 주인공 에반이 과거로 돌아가 미래를 바꿀 때마다 예상치 못한 결과가 벌어진다.

나비 효과에서 카오스 이론으로

현대 과학이 크게 발전하면서 1969년 아폴로 11호의 우주인들이 달에 착륙했다. 미국과 소련은 경쟁적으로 인공위성을 쏘아 올렸다. 과학이 눈부시게 발달했는데도, 왜 날씨는 확실하게 예보하지 못할까?

1970년대 말 미국의 기상학자 로렌츠는 이 점이 궁금했다. 그래서 당시 막 등장한 초창기 컴퓨터로 기상 모델을 만들어서 1961년의 날씨 변화를 설명하려고 했다. 그런데 이 과정에서 초기 조건 값의 수치가 단 0.0001만 차이가 나도, 기상 모델의 날씨가 엄청나게 변한다는 것을 알아냈다.

로렌츠는 1979년 「브라질 나비의 날개짓이 미국의 텍사스 주에서 토네이도를 일으킬 수 있을까?」라는 논문을 발표했다. 이후 나비 효과라는 말이 유명해졌다. "브라질에 있는 나비의 날갯짓이 미국의 텍사스에서 토네이도를 일으킬 수도 있다."

나비 효과(butterfly effect)는 아주 작은 변화가 엄청난 변화를 일으킬 수 있다는 이론이다. 나비 효과 이론은 이처럼 과학계에서 등장한 개념이지만, 이후 정치, 사회, 경제 등 여러 분야에서 쓰이게 되었다. 이를테면 얼마 전 국내 아이돌 그룹의 대만인 멤버가 엄청난 나비 효과에 휘말렸다. 방송에 출연해 프로그램의 설정상 대만 국기를 손에 들었는데, 이 짧은 영상이 중국과 대만, 우리나라의 외교 문제로까지 불거졌다. 당시 대만의 총통 선거에 영향을 미쳤다는 말도 나올 정도였다.

로렌츠는 카오스를 발견한 학자로도 알려져 있다. 날씨처럼 계속 불규칙하게 변하는 것을 카오스(chaos, 혼돈, 무질서)라고 한다. 과학이 크게 발전한 요즘도 날씨는 하루이틀, 일주일쯤은 예측할 수 있지만, 몇 달 후는 예측할 수 없다. 왜 그럴까?

로렌츠는 날씨가 가진 카오스적인 측면과 나비 효과 때문이라고 설명한다. 날씨는 항상 변덕스럽게 변하고 반복되지 않으며 변수가 너무 많다(카오스적인 측면). 또한 아주 작은 차이가 엄청난 변화를 가져올 수도 있다(나비 효과). 그래서 하루이틀, 일주일 정도의 날씨는 어느 정도 예측할 수 있으나 몇 달 후의 날씨는 예측할 수 없는 것이다. 로렌츠의 연구는 카오스 이론이 발전하는 밑거름이 되었다.

『뉴욕타임스』의 과학 전문 기자인 제임스 글리크(James Gleick, 1954~)는 과학자 200여 명을 인터뷰하고 논문 수천 편을 검토한 후 『카오스』(1988)라는 책을 냈다. 일반인들이 이해할 수 있도록 쉽게 풀어서 카오스 이론의 탄생과 발전, 전망을 설명했다. 나비 효과를 발견한 기상학자 로렌츠, 프랙탈을 발견한 수학자 만델브로 등 카오스 이론을 연구하는 다양한 학자와 이론을 소개하고 있다.

혼돈 속에서 질서 찾기, 카오스 이론

예전에는 질서와 무질서를 이분법적으로 나누어 생각했다. 예를 들어 1 다음에 2가 오는 것은 질서의 세계이다. 이에 비해 날씨는 변화무쌍하여 예측하기 힘든 무질서의 세계이다.

카오스 이론은 겉으로 보기에는 무질서하고 혼돈스러운 것에서 숨겨진 패턴, 즉 질서와 규칙성을 찾는다. 다시 말해 혼돈, 무질서의 세계도 알고 보면 나름의 질서를 찾을 수 있고, 불규칙성에서도 일정한 규칙성을 발견할 수 있다는 이론이다.

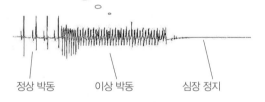

나름의 규칙성이 있다.

정상 박동   이상 박동   심장 정지

1970년대 생리학자들은 돌연사의 주요 원인인 심장 활동의 불규칙성을 조사했다. 몸이 건강하면 심장 박동이 규칙적으로 뛰고, 심장에 이상이 생기면 심장 박동이 불규칙적으로 뛴다. 그런데 연구해 보니 매우 불규칙적이고 무질서해 보이던 심장 박동에도 특징적인 변화, 나름의 질서가 있었다.

카오스적인 질서는 자연현상에서도 쉽게 찾아볼 수 있다. 태풍이나 지진의 발생 지점과 방향, 눈의 결정, 해안선의 모습, 강줄기의 변화, 나무에서 뻗어나가는 줄기의 방향, 떨어지는 나뭇잎의 방향 등 수없이 많다.

제임스 글리크는 이렇게 말했다.

"조금만 자세히 관찰하면, 카오스는 모든 곳에 존재한다. …… 카오스 이론은 과학의 경계선을 무너뜨리고 있다."

카오스 이론은 상대성 이론, 양자 역학과 더불어 20세기 물리학의 3대 혁명 가운데 하나로 꼽힌다. 물리학, 천문학 분야는 물론 스포츠, 의학, 기상학, 수학, 예술, 정치, 경제학 분야에서 폭넓게 이용되고 있다.

순환성과 자기 유사성, 프랙탈 기하학

무질서해 보이는 것에 있는 카오스적인 질서는 무엇일까? 순환성과 자기 유사성을 살펴보자.

순환성은 주기적으로 자꾸 되풀이하는 현상이다. 예를 들어 거울을 들여다보면, 눈동자 속에 내 얼굴이 보이고 그 속의 눈동자에는 다시 내가 들어 있고, 그 속에는 또다시 내가 들어 있는 식으로 반복된다. 이렇듯 비슷한 구조가 끊임없이 되풀이되는 것이 순환성이다.

자기 유사성은 부분이 전체와 비슷한 모양이나 성질을 띠고 있는 것을 말한다. 눈의 결정체를 보면 부분의 모양이 전체와 비슷하다. 해안선을 봐도 부분의 모양이 끊임없이 반복되며 전체의 모양도 비슷하다. 이를 '프랙탈'* 이라고도 한다.

프랙탈(fractal)의 어원은 '조각나다'라는 뜻이다. 프랙탈은 부분의 구조가 끝없이 반복되어 전체를 구성하며, 전체의 모양도 부분과 같은 모양을 하고 있다. 다시 말해 부분이 전체와 비슷한 자기 유사성과, 같은 모양이 반복되는 순환성을 함께 가지고 있다.

 프랙탈은 1975년에 만델브로가 내놓은 기하학 이론이다. 해안선이나 구릉 등은 복잡하고 불규칙적으로 보인다. 하지만 부분을 확대하여 세세하게 들여다보면, 작은 구조가 전체 구조와 비슷한 형태로 끝없이 되풀이되고 있다. 이것이 바로 프랙탈이다.

어디서나 쉽게 볼 수 있는 나뭇잎을 자세히 들여다보자. 기다란 줄기에 작은 나뭇잎이 나 있고, 그 작은 나뭇잎에는 아주 작은 나뭇잎이 나 있고……. 이런 식으로 나뭇잎은 끊임없이 자신의 모양을 복제한다.

프랙탈 구조는 주변에서 쉽게 찾아볼 수 있다. 나뭇잎의 모양, 혈관의 모양, 산맥이 갈라지는 모습, 해안선의 모습, 성에가 자라는 모습, 번개 치는 모습 등이 모두 프랙탈 구조이다.

복잡계 이론

사소해 보이는 현상도 수많은 변수가 복합적으로 작용해서 큰 영향을 미치는 경우가 많다. 복잡계 이론은 '복잡성을 가진 현상의 법칙을 찾아서 이론으로 만든 것'으로, 자연과학뿐만 아니라 인구 문제, 식량 문제, 주가 움직임 등을 해석하는 데도 이용하고 있다. 복잡계 학자들은 다음과 같이 생각한다.

"하나의 원인이 하나의 결과를 낳는 것이 아니다."

캐나다 정부는 2003년부터 약 3년 동안 바다표범을 죽일 수 있도록 허용했고, 약 97만 마리가 도살되었다. 바다표범을 사냥하게 한 것은, 대구를 잡아먹어 어획량이 크게 줄어들었기 때문이다. 바다표범의 수를 줄이면 대구가 늘어나리라고 생각했던 것이다.

하지만 환경 단체들은 격렬하게 반대했다. 바다표범과 대구 사이에는 2억 개가 넘는 먹이사슬이 얽히고설켜 있다. 만약 바다표범을 계속 잡아 수를 줄이면 먹이사슬에 큰 영향을 미치고, 생태계를 어지럽힐 수 있다고 주장했다.

현대 사회의 복잡한 문제를 풀 수 있을까?

금융가에는 "내일의 주가(주식 가격)는 '신'만이 알 수 있다"란 말이 있다. 금융 시장은 변수가 너무 많고 복잡하게 얽혀 있기 때문에, 주가를 예측할 수 없다는 말이다. 그런데 어떤 복잡계 학자들은 변화무쌍한 주가에도 일정한 규칙성이 있다고 본다. 뉴잉글랜드의 복잡계 연구소는 주식이 폭락하기 전에 일종의 징조가 있다고 믿고, 그 규칙성을 찾으려 연구한다.

2014년 우리나라의 출산율은 1.21명으로 전 세계 190여 개국 중에서도 꼴찌 수준이다. 또한 65세 이상의 고령 인구 비율이 13퍼센트로 빠르게 고령사회로 진입하고 있다. 2060년에는 고령 인구가 37퍼센트에 달할 것이라는 우려도 나오고 있다.

정부와 학계 등은 저출산, 고령화 문제에 대해 다양한 연구와 대책을 마련하고 있다. 심지어 이민자를 많이 받아들이자고 주장하는 이들도 있다. 그런데 이 경우 다른 문제가 생기지는 않을까?

현대 사회는 이처럼 다양하고 복잡하기 때문에, 어떤 문제가 어떤 결과를 가져올지 예측하기가 매우 어렵다. 카오스 이론이나 복잡계 이론은 이러한 현대 사회의 문제를 해결하는 데 도움을 줄 것으로 기대된다.

19

코끼리는 생각하지 마

조지 레이코프의 프레임

미국 일리노이 대학교의 인지 심리학자인 대니얼 사이먼스 교수는 흥미로운 실험을 했다.

"여러분의 관찰력을 테스트할 거예요. 영상을 잘 보고, 공이 몇 번 전달되었는지 횟수를 적어 내세요."

사이먼 교수는 실험 대상자들에게 관찰력 테스트라고 말하고 25초짜리 영상을 보여 주었다.

화면에는 흰색과 검은색 티셔츠를 입은 학생 여섯 명이 둥글게 모여 서서 농구공을 주고받고 있었다.

실험 대상자들은 두 눈을 부릅뜨고 농구공을 쳐다보았다. 농구공이 움직일 때마다 실험 대상자들의 눈도 따라 움직였다.

실험이 끝난 후, 사이먼스 교수가 물었다.

"고릴라를 본 사람이 있나요?"

실험 대상자들의 무려 50퍼센트가 이렇게 대답했다.

"고릴라 같은 건 없었는데요."

사이먼스 교수는 영상을 다시 한 번 보여 주었다. 그런데 영상을 다시 보니, 고릴라 옷을 입은 사람이 학생들 가운데로 걸어 들어와서는, 두 손으로 가슴을 치고 어슬렁거리며 나가는 장면이 있었다.

눈에 불을 켜고 영상을 보았지만, 실험 대상자들의 50퍼센트는 고릴라를 보지 못했다. 왜 그랬을까? 그들의 시선은 오로지 공에만 쏠려 있었기 때문이다. 그들은 공이 몇 번 전달되었는지 횟수를 세느라 공에만 집중했기 때문에, 고릴라를 보지 못했다. 심지어 고릴라가 두 손으로 가슴을 치는데도 말이다.

이처럼 우리의 감각은 현실을 있는 그대로 받아들이지 않는다. 우리의 인지* 구조는 불완전하며, 얼마든지 외부의 영향을 받을 수 있다. 뻔히 고릴라가 나왔는데도, 공에 집중하느라 보지 못한 것처럼 말이다.

조지 레이코프(George Lakoff, 1941~)는 이러한 인지과학 연구를 바탕으로 언어가 어떻게 인간의 생각을 형성하는지 연구한 학자이다.

'인지'는 심리학에서 자주 쓰이는 말이다. 시각, 청각, 후각, 미각, 촉각 등으로 외부의 자극을 받아들여, 그 정보를 저장하거나 빼내는 정신 과정을 말한다. 지각, 기억, 상상, 판단, 추리를 포함하여 '무엇인가를 안다'는 것을 나타내는 포괄적인 용어이다.

코끼리는 생각하지 마

"코끼리는 생각하지 마!"

이 말을 듣고 무엇이 떠오르는가? 아마도 코끼리가 떠올랐을 것이다.

"아니, 코끼리는 생각하지 말래도요!"

말의 내용은 코끼리를 생각하지 말라는 것이지만, 아무리 애를 써도 코끼리가 머릿속에 떠오른다. 코끼리를 생각하지 않으려면, 먼저 코끼리를 떠올려야 하기 때문이다! 그래서 "코끼리는 생각하지 마!"라고 할수록 머릿속에는 코끼리가 더욱 강하게 남는다.

왜 그럴까?

조지 레이코프는 이것이 프레임 때문이라고 한다. '보이지 않는

고릴라' 실험에서 사이먼스 교수가 "공을 보라"고 했을 때와, "고릴라가 보이는가?"라고 했을 때, 두 경우에서 각각 의미를 부여하는 대상이 달라졌다. 이렇듯 말에 따라 인식하는 상황, 즉 프레임이 달라진다.

프레임, 생각의 기본틀

아프리카 오지 여행을 가서 듣도 보도 못한 동물을 만나거나, 한 중학생이 책을 읽다가 생소한 철학 용어를 보았다고 하자.

우리의 뇌는 이처럼 어떤 대상이나 개념을 처음으로 접하면, 그것을 인식하는 데 시간이 걸린다. 그런데 모르던 것도 한번 알고 나면, 그다음부터는 그것을 다시 인식하는 데 시간이 짧게 걸린다.

뇌의 무게는 몸무게의 5퍼센트에 불과하지만, 에너지의 20퍼센트를 쓴다고 한다. 뇌가 감각기관으로 들어온 정보를 처리하고 생각을 하는 데는 이처럼 힘이 많이 든다. 그래서 인간은 힘을 적게 들이고 효율적으로 생각하기 위해, 생각을 처리하는 방식을 공식처럼 만들려고 한다.

프레임(frame)은 '기본 틀, 뼈대'라는 뜻이다. 쉽게 말해 생각의 기본 틀이라고 할 수 있다. 인간은 생각을 쉽게 처리하기 위해 프레임을 가지고 있다. 프레임은 아이디어나 개념을 구조화하고, 생각하는 방식을 형성하며, 행동하는 방식을 결정한다.

사실 우리는 누구나 프레임을 잘 사용하고 있다. 다만 무의식적으로, 자동적으로 사용하기 때문에, 자신이 프레임을 사용하고 있다는 것조차 알아차리지 못한다.

프레임은 일상에서 쓰는 말에도 녹아 있다. 예를 들어 A라는 여자가 인터넷 카페에서 가짜 상품을 명품이라고 속여 팔았다는 소식이 전해졌다고 하자. 인터넷에서 어떤 사람은 그녀를 '사기꾼'이라고 하고, 어떤 기자는 신문에서 '용의자'라고 표현한다.

사기꾼이라고 하면 이미 '사기'라는 범행을 저지른 사람이 된다. 반면 용의자라고 하면 범행을 저질렀다고 '의심'받는 사람이다. 두 말은 의미가 뚜렷하게 다르다. 그녀를 사기꾼이라고 하는지, 용의자라고 하는지에 따라 우리의 인식도 달라진다. 이처럼 프레임은 말과 은유를 통해 사람들의 생각에 영향을 미친다.

우리는 왜 프레임에 갇힐까?

2015년 11월, 프랑스의 파리에서 IS 무장단체가 일으킨 테러로

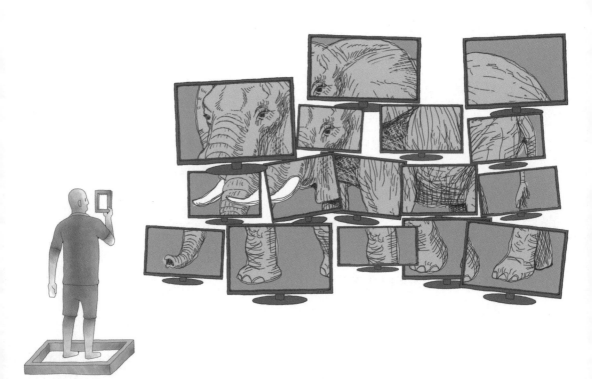

인해 130여 명이 사망하고 200여 명이 크게 다쳤다. 전
세계에서 많은 사람들이 파리 테러를 일으킨 사람들을
잔인하고 간악한 '테러리스트'라고 했다. 그런데 IS 무장
단체 사람들은 이들을 용감한 '전사'로 여겼다.

IS 무장단체 사람들은 뜻을 이룰 수 있다면, 그것을 위
해 언제든, 누구든, 심지어 어린아이라도 죽여도 된다는
잘못된 프레임에 갇혀 있기에 끔찍한 테러를 아무렇지 않게 일으킨
다. 이렇듯 잘못된 프레임은 진실을 보지 못하게 하고, 무서운 결과
를 불러오기도 한다.

흔히 인간은 이성을 가진 합리적인 존재라고 생각한다. 하지만
정부나 언론, 또는 권위를 가진 사람이나 내가 신뢰하는 사람이 모
두 한목소리로 말하면, 잘못된 프레임에 넘어가기도 한다. 그것이
합리적이고 이성적이라고 하는 인간의 실제 모습이다.

왜 프레임을 장악하려고 할까?

'보이지 않는 고릴라' 실험을 다시 생각해 보자. 실제로는 고릴라
가 지나가는 것이 더 중요한 사건이라고 하자. 그런데 언론을 장악
한 사람들이 고릴라가 아니라 '농구공을 몇 번 주고받는지'가 더 중
요하다고 말하면, 사람들의 머릿속에서 고릴라가 사라져 버리고 만
다. 우리가 살고 있는 세상에서 프레임의 문제는 이 고릴라 실험보
다 훨씬 심각하다.

얼마 전 한 드라마에서 다음과 같은 내용이 방송되었다.

한 소방관이 화재 신고를 받고 소방대원 아홉 명과 함께 출동했

다가 화재 진압 도중에 모두 사고로 죽고 말았다. 그런데 소방대원 아홉 명의 시체는 발견되었지만, 처음 신고를 받은 소방관의 시체는 발견되지 않았다.

처음에 신문과 방송에서는 불이 왜 났는지, 불이 난 곳은 어떤 곳인지에 대해 보도했다. 그런데 한 기자가 권력의 청탁을 받고, 처음 신고를 받은 소방관이 무리하게 화재를 진압하느라 다른 소방대원들을 죽음으로 몰고 갔고, 게다가 책임을 피하기 위해 도망쳤다고 보도했다. 그러자 모든 언론이 사라진 소방대원에 대해서만 보도했다. 사실 화재 현장은 한 국회의원이 운영하던 불법 폐기물 소각장이었다. 문제의 핵심은 소방대원이 아니라 이것이었다. 그런데 프레임을 바꾸어 그 소방관의 무리한 화재 진압이라는 말로 문제의 핵심을 덮어 버린 것이다.

1980년대 미국의 레이건 대통령은 부자들의 편에 서서 상속세를 줄이자고 주장했다. 레이건은 여론의 지지를 얻기 위해 상속세를 '죽음세'라고 표현했다. 상속세는 죽은 다음에 재산을 물려줄 때 붙는 세금으로 당연히 내야 하는 것이다. 하지만 '죽음세'라고 하면, 왠지 '죽어서까지 세금을 내야 하나?'라는 생각이 든다.

상속세를 줄이는 것은 부자들에게 유리한 정책이다(가난한 이는 물려줄 재산이 없다). 하지만 당시 미국에서는 가난하면서도 '죽음세'라는 말의 프레임에 갇혀서 상속세를 줄이자는 정책에 찬성하는 사람들이 있었다. 가난한 자신에게 불리한 정책인데도 말이다. 이것이 바로 프레임의 힘이다.

프레임 전쟁에서 승리하는 법

프레임은 이처럼 힘이 세다. 그러다 보니 정치인, 정부, 언론은 프레임을 먼저 손에 넣으려고 한다. 조지 레이코프는 정치란 결국 '프레임 전쟁'이라고 한다. 누가 어떤 프레임을 만들어, 프레임 전쟁에서 승리하느냐의 문제라고 한다.

'보이지 않는 고릴라' 실험에서 50퍼센트의 사람들이 고릴라를 보지 못했던 것처럼, 인간은 자신의 프레임과 맞지 않으면 사실을 망각하거나 무시해 버리기도 한다.

사람들은 자신이 이미 가지고 있던 기존 프레임을 바꾸지 않고 지키려는 속성이 있다. 이때 그 프레임이 틀렸다며 사실이나 진실을 나열해 봤자 거의 달라지지 않는다. "코끼리를 생각하지 마"라고 할수록 자꾸 코끼리가 생각나는 것처럼, 오히려 그 프레임을 강하게 만드는 역효과가 날 수도 있다.

결국 프레임 전쟁에서 이기기 위해서는 우리의 가치와 정체성을 담은 프레임을 계속 만들어야 한다. 더 많은 문제와 영역을 우리의 가치로 해석하고, 도덕적인 세계관 안에 녹여 내야 한다. 그리고 그 프레임을 행동과 목소리를 통해 반복해야 한다. 그래야 사람들의 프레임이 바뀌고 인식이 변할 수 있다. 조지 레이코프는 이렇게 말했다.

"프레임을 새로 조직하는 것은
사람들이 세상을 보는 방식을 바꾸는 것이다. ……
새로운 프레임을 만들려면, 새로운 언어가 필요하다.
다르게 생각하려면, 우선 다르게 말해야 한다."

전쟁을 바라보는 두 가지 프레임
— 태평양 전쟁과 대동아 전쟁

1941년 12월, 일본이 미국 하와이의 진주만을 공격하면서 서태평양을 중심으로 전쟁이 벌어졌다. 우리는 이 전쟁을 '태평양 전쟁'이라고 한다.

일본 여고생들이 꽃을 들고 가미카제를 환송하고 있다. 가미카제는 제2차 세계대전 때 일본의 자살 특공대였다.

하지만 일본 정부와 군대, 언론은 이 전쟁을 '대동아 전쟁'이라고 불렀다. 대동아(大東亞), 즉 전쟁 앞에 '커다란 동아시아'라는 말을 붙여서, 참혹한 '침략 전쟁'을 동아시아의 '번영을 위한 전쟁'이라는 프레임으로 만들었다. 프레임은 이처럼 말에서 드러난다.

일본 국민들은 일왕과 정부가 만든 '대동아 전쟁'이라는 프레임에 갇혔다. 그래서 전쟁터에 나가 수많은 사람들을 죽였고, 자살 특공대가 되어 미국 하와이의 진주만으로 날아갔다.

사람들이 잘못된 프레임을 맹목적으로 따른 역사적인 예는 많다. 특히 독일인들은 제2차 세계대전 때 히틀러 통치 아래 수많은 유대인을 죽였다. 잘못된 프레임은 진실을 보지 못하게 하고, 심지어 이처럼 무서운 결과를 가져오기도 한다.

잠깐

프레임과 전교회장 선거

> 얼마 전 신도시 어느 중학교에서는 전교 학생회장을 뽑는 선거를 치렀다. 2학년인 한 학생회장 후보는 '보통 학생들의 학교'라는 구호를 내걸었다. 공부를 별로 못하거나, 공부가 아닌 다른 꿈을 가진 학생들도 존중받는 학교를 만들겠다고 했다.(그런데 사실 이 후보는 아이들을 차별하고 험담도 많이 하는 학생이었다. 1학년 학생들은 그 사실을 몰랐지만 말이다.)
>
> 1학년 학생들의 호응이 높았다. 학생을 공부로 차별하지 않는 것은 도덕적으로 훌륭한 일이다. '보통 학생들의 학교'라는 프레임이 힘을 가지게 되었다.
>
> 게다가 이 후보는 잘생기고 멋졌고, 팀의 부회장 후보는 예뻐서 남학생들이 좋아했다. 반마다 돌면서 인사할 때에는 유머 있는 말솜씨로 호응을 받았다. 결국 1학년 표가 모두 이 팀에 쏠려 선거에서 이길 것으로 보였다.

이때, 다른 후보가 '보통 학생들의 학교'라는 프레임을 공격해서는 효과가 별로 없다. 비슷한 프레임을 내세우면 더욱 안 된다. 프레임은 일단 굳어지면 잘 바뀌지 않는다. 이럴 때는 다른 프레임을 내세우는 편이 낫다.

다른 후보는 '학생에 의한, 학생을 위한 학교'라는 구호를 내걸었다.

이 학교는 탈의실이 따로 없었다. 그래서 남녀 합반인 1학년 여학생들은 화장실에서 체육복을 갈아입곤 했다. 이 후보는 '학생을 위한 학교'의 세부 공약으로 탈의실 설치를 약속했다. 또 이 학교는 축제 때 합창과 시화전을 여는 것이 고작이었는데, 장기자랑, 댄스 경연 등 다채로운 프로그램을 만들겠다고 했다.

이제 학생들은 이 팀의 세부 공약에 열렬한 호응을 보냈다. 선거를 지배하는 프레임이 바뀐 것이다. 결국 이 후보가 선거에서 이겨 당선되었다.

기존 프레임을 이기려면, 새롭고 더 강력한 프레임이 필요하다. 그리고 새로운 프레임을 만들려면 새로운 언어가 필요하다. 마치 후자의 학생회장 후보가 '학생에 의한, 학생을 위한 학교'라는 새로운 구호를 만든 것처럼, 새로운 언어로 새로운 프레임을 만들어야 한다. 그리고 그 프레임에 따른 행동과 목소리를 계속 '반복'해야 비로소 사람들의 인식을 바꿀 수 있다.

잠깐

우리 옆의 다양한 프레임 변화
— 노인 매너, 금발이 너무해, 대륙의 실수

프레임은 우리와 아주 가까운 곳에 있다. 우리가 하는 말, 행동, 영화나 드라마, 광고 등에서 끊임없이 나타난다.

노인 매너

'장유유서(長幼有序)'란 말은 오랫동안 우리 사회를 지배해 온 프레임 중 하나이다. 노인과 어른, 또는 윗사람과 아랫 사람 사이에는 순서와 질서가 있다는 말이다. 노인은 윗사람이니 더욱 공경받고 대우받아야 한다는 것이다.

그런데 최근 일부 노인들이 공중도덕을 지키지 않고 장유유서를 강요하며 세대 갈등을 일으키는 경우가 있다. 지하철에서 임산부에게 젊은 사람이 노약자석에 앉았다고 호통치는 노인도 있다. 또 노인임을 내세워 줄을 서지 않는 이도 있다.

그러면서 노인도 공중도덕을 지키고 다른 이를 배려해야 한다는 목소리가 커졌다. 이에 '노인 매너', '노인 품격'이라는 말이 등장했다. 장유유서라는 프레임이 시대에 따라 바뀐 것이다.

이처럼 프레임은 세상과 환경의 변화에 따라 변하며, 변화에 맞지 않는 프레임은 경쟁력을 잃고 사라지게 된다.

금발이 너무해

서양에서 마릴린 먼로로 대표되는 금발 미녀는 얼굴은 예쁘지만, 멍청하다는 뜻으로 쓰였다. 그런데 「금발이 너무해」라는 영화에 등장하는 금발 여자는 다르다.

여주인공 엘르는 금발에 핫핑크 옷을 입고, 매일같이 머리와 손톱 손질을 하러 다닌다. 하지만 친구들에게 인기 있고 공부도 잘했다. 어느 날, 남자 친구가 멍청한 금발 여자는 싫다면서 이별을 통보한다.

엘르는 이를 악물고 열심히 공부하여, 남자 친구를 따라 하버드 법대에 들어가 법학을 공부한다. 엘르는 자신의 경험을 바탕으로

복잡한 사건을 해결한다. 자기를 우습게 여긴 교수와 전 남자 친구, 법대생들의 코를 납작하게 만든 것이다.

하버드 법대생들은 '금발 미녀는 멍청해'라는 프레임을 가지고 있었는데, 엘르를 보고 그 프레임을 버리게 된다. '금발 미녀도 똑똑할 수 있다'고 말이다.

영화 「금발이 너무해」

대륙의 실수

한때 '메이드 인 차이나(Made in China)'라는 말은, 값은 싸지만 형편없는 제품의 대명사처럼 쓰였다. 심지어 '메이드 인 차이나'라고 쓰인 상표를 보면, 싸구려 물건 혹은 가짜 상품이라고 생각하는 사람도 있을 정도였다.

'대륙의 실수'라는 말을 들어본 적이 있는가? 가격이 싸고 품질이 좋은 중국산 제품은 '실수로 만들어졌다'는 뜻의 표현이다. 한마디로 중국 물건의 품질을 조롱하는 말이다.

그러나 최근 중국의 IT기업인 샤오미는 휴대전화 보조 배터리, 스피커, 체중계 등 소형 가전 시장뿐만 아니라 스마트폰 시장에서도 맹활약하고 있다. 디자인도 괜찮고, 성능에 비해 가격이 싸서 인기가 있다. 중국 기업이 만든 1인용 전동 스쿠터 나인봇도 인기가 좋다.

이제 상황이 '대륙의 실수'라는 말이 겸연쩍을 정도로 바뀌었다. '메이드 인 차이나'에 대한 프레임이 바뀌고 있는 것이다. 더 이상 '메이드 인 차이나'는 저렴하고 형편없는 물건의 대명사가 아니다. 중국 기업들의 활약을 보면서, 과연 '대륙의 실수'라고 조롱할 수 있을까?

나인봇 미니

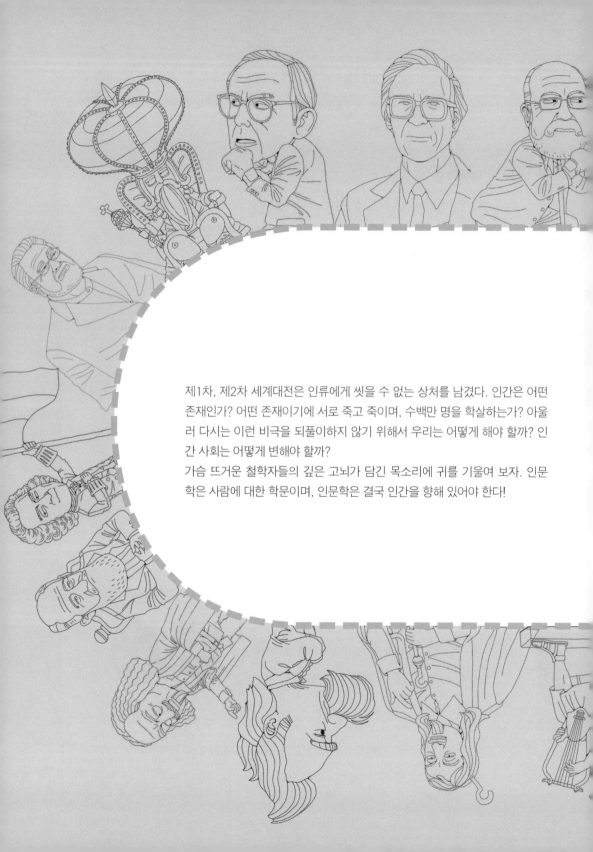

제1차, 제2차 세계대전은 인류에게 씻을 수 없는 상처를 남겼다. 인간은 어떤 존재인가? 어떤 존재이기에 서로 죽고 죽이며, 수백만 명을 학살하는가? 아울러 다시는 이런 비극을 되풀이하지 않기 위해서 우리는 어떻게 해야 할까? 인간 사회는 어떻게 변해야 할까?

가슴 뜨거운 철학자들의 깊은 고뇌가 담긴 목소리에 귀를 기울여 보자. 인문학은 사람에 대한 학문이며, 인문학은 결국 인간을 향해 있어야 한다!

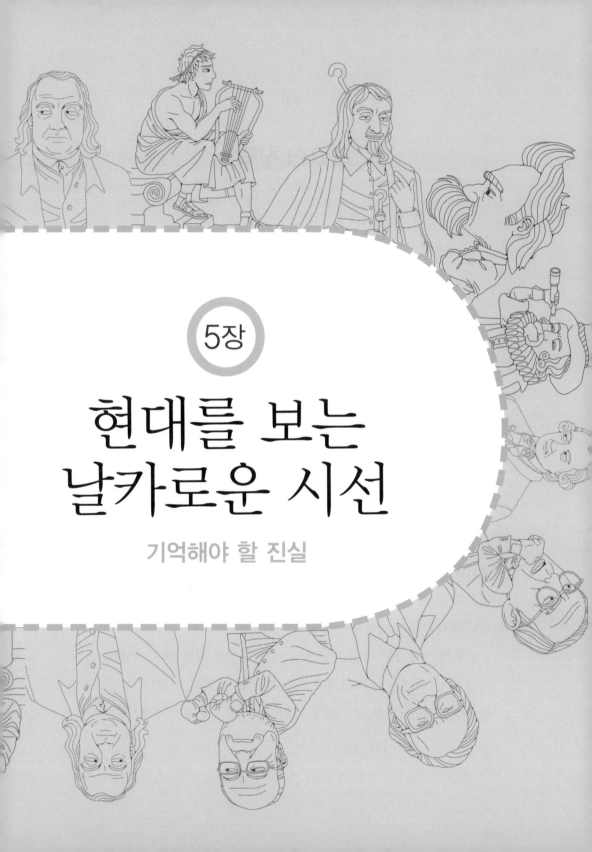

5장

현대를 보는
날카로운 시선

기억해야 할 진실

20

무지의 장막

존 롤스의 정의론

1980년 여름, 뮌헨 필하모니 오케스트라에서 단원을 뽑는 블라인드 오디션(blind audition)이 열렸다. 블라인드 오디션은 심사위원들이 연주하는 사람을 보지 못하도록 막을 쳐 놓고 연주를 듣는 것을 가리킨다. 당시 유럽에서는 블라인드 오디션이 거의 없는 일이었는데, 지원자 중 한 명이 오케스트라 단원의 아들이었기에 공정한 심사를 위해 블라인드 오디션을 열었던 것이다.

트롬본 연주자인 아비 코난트도 이 오디션에 지원했다. 코난트는 이미 다른 10번의 오디션에서 모두 떨어진 경험이 있었다. 코난트는 자기 차례가 되자, 오디션장으로 들어가 트롬본을 연주했다.

"아주 훌륭해요, 훌륭해!"

연주가 끝나자 장막 건너편의 심사위원들이 열렬히 박수를 보냈다. 그리고 남아 있던 다른 지원자들을 모두 집으로 돌려보냈다. 코난트의 연주가 너무 뛰어나서 다른 지원자들의 연주는 들을 필요도 없다고 생각했기 때문이다. 그런데 무대의 장막이 걷힌 후 심사위원들은 깜짝 놀랐다.

"맙소사, 여자잖아!"

당시 트롬본은 군악대에서 주로 연주해서 남자들이 연주하는 악기라는 편견이 있었다. 뮌헨 필하모니 오케스트라의 음악 감독은 매우 보수적인 사람이었고, 그도 당연히 트롬본은 남자가 연주해야 한다고 믿었다.

만약 블라인드 오디션이 아니었다면, 코난트가 공정하게 심사를 받을 수 있었을까? 오디션에 합격할 수 있었을까?

20세기 미국의 대표적인 정치 철학자이자 도덕 철학자인 존 롤스 (John Rawls, 1921~2002)는 공정성을 얻기 위해서는 조건이 있다고 주장했다.

"공정성의 핵심은 '운의 중립화'이다.

즉, 어디에서 태어났는지, 남자인지 여자인지, 부자인지 가난한지 등 우연하게 나타날 수 있는 사회적·자연적 조건을 없애야 한다. 그래야만 공정한 사회를 만들 수 있다."

무지의 장막

존 롤스는 완벽하게 공정한 사람들이 모여 합리적으로 토론한다면, 정의의 원칙에 걸맞은 사회적인 합의를 이끌어 낼 수 있다고 생각했다. 그런데 존 롤스가 말한 '완벽하게 공정한 사람'이 과연 있을까?

월드컵 경기에서 아르헨티나와 독일 대표팀이 결승전을 하는 경우, 아르헨티나인이나 독일인이 심판을 본다면 아무래도 자기 나라 팀에 유리하게 판정을 내릴 수 있다. 아무리 공정하게 심판을 보겠다고 선서했더라도 말이다. 마찬가지로 토론에 참여한 사람이 부자라면 부자가 세금을 덜 내는 정책, 노인이라면 노인 복지를 위한 정책을 지지할 가능성이 매우 높다.

그래서 존 롤스는 완벽하게 공정해지려면 '무지'의 상태가 되어야 한다고 믿었다. 그리고 무지의 장막(the veil of ignorance)이라는 가상의 장치를 생각해 냈다.

앞의 예에서 오케스트라 심사위원들은 연주자가 누구인지 모르도록 장막이 쳐진 상태에서 연주를 들었다. 연주자가 남자인지 여자인지, 흑인인지 백인인지, 키가 큰지 작은지도 알 수 없었다. 그래서 오로지 연주 실력만 보고 오케스트라 단원을 뽑을 수 있었다.

존 롤스는 '자유롭고 합리적인' 사람들이 무지의 장막을 치고, '어떤 조건도 없는 평등한 입장'에서 토론하면, 정의의 원칙에 걸맞은 사회적인 합의를 할 수 있다고 생각했다.

존 롤스는 토론에 참여하는 사람이 스스로에게도 '무지의 장막'을 쳐야 한다고 주장했다. 즉, 내가 어떤 사람인지 자신의 정체성마저도 잊어버려야 한다는 것이다. 이런 상태에서 사회적인 합의를 한다면, 어느 한 쪽이 아니라 사회에 이롭고 평등하며 공정한 합의를 할 수 있다고 생각했다.

정의는 숫자로 나타낼 수 없어!

공리주의자인 벤담은 '최대 다수의 최대 행복'이 곧 정의라고 생각했다. 많은 사람들이 행복해 한다면 그것이 곧 선이고 정의라는 것이다. 그래서 나에게는 이익이 되더라도 많은 사람들의 이익이 줄어든다면, 기꺼이 포기하고 희생해야 한다고 생각했다.

인구가 100명인 나라가 있다고 하자. 어떤 제도가 1명에게는 100의 쾌락을 주고, 나머지 99명에게는 1의 고통을 준다면, 그 제도를 선택해야 할까?

공리주의자들은 쾌락과 고통을 숫자로 나타낼 수 있다고 믿었다. 계산하면 다음과 같다.

쾌락 100 − 고통 99 = 쾌락 1 − 쾌락이 고통보다 1이 더 많으니
이 제도를 채택한다.
쾌락 100 × 1명   고통 1 × 99명

공리주의 철학자들은 이 제도를 실시하면, 고통보다 쾌락이 많으니 정의에 걸맞다고 받아들일 것이다.

반면 존 롤스는 사회의 전체 효용이 증가하더라도, 한쪽에 이익이 너무 큰 반면 다른 쪽에 너무 큰 고통을 준다면, 정의가 아니라고 생각했다. 그래서 민주주의의 기본적인 자유를 보장하되, 소수의 의견이나 이익을 배려해야 한다고 주장했다.

존 롤스의 정의의 원칙

존 롤스는 다음과 같은 '정의의 원칙'을 만들었다.

정의의 제1원칙

모든 사람이 언론과 사상, 종교, 신체의 자유 등 기본적인 자유와 평등한 권리를 가진다.

정의의 제2원칙

사회적 · 경제적으로 불평등이 있을 때는 가장 어려운 사람에게 가장 많은 이익을 주어야 하며, 기회를 공평하게 주어야 한다.

정의의 제1원칙은 자유의 원칙, 즉 자유주의 사회의 기본적인 자유를 보장하는 것이다.

정의의 제2원칙은 차등의 원칙과 기회 균등의 원칙으로, 사회적 약자인 소수자를 배려하기 위한 원칙이다. 그리고 제1원칙은 항상 제2원칙에 우선한다.

사회적 소수자란 '기회가 적은 사람'을 말한다. 즉, 사회 권력 면에서 약한 사람이다. 장애인, 다문화 가정, 소수 인종, 동성애자 등을 비롯하여, 여성도 우리 사회에서 능력이 같아도 남성보다 취업이 어렵고 임금이 적은 경향이 있으므로 소수자에 속한다.

존 롤스는 소수자에게 더 많은 기회를 주고 배려하는 것이 정의라고 주장했다. 소수자여서 불평등한 것이 아니라, 사회에서 이들을 어떻게 대우하느냐에 따라 공평하거나 불공평한 제도가 생겨난다고 생각했다. 그래서 존 롤스는 소수자에 대한 배려가 정의의 원칙에 걸맞기 때문에 역차별이 될 수 없다고 주장했다.

여러분도 장애인 등 소수자들을 먼저 배려하는 것이 정의라고 생각하는가? 만약 소수자를 먼저 배려하느라 내게 불이익이 생긴다면, 어떤 생각이 들까? 〈잠깐〉에서 한 중학생의 이야기를 들어보고 좀 더 생각해 보자.

존 롤스의 정의의 원칙, 이의 있습니다!

> 2학기 국어 수행평가는 모둠끼리 책을 한 권 선택해 홍보 콘셉트를 정하고, 자료를 만들어 프레젠테이션을 하는 거예요. 네 명이 한 모둠인데, 제비뽑기를 해서 모둠을 정했어요. 그런데 발달 장애인인 친구가 우리 모둠이 되었어요. 우리 학교는 발달 장애인 통합 학교거든요. 발달 장애인인 친구는 오전 수업은 반에서 같이 하고, 오후에는 한 사랑반에 가서 따로 수업을 해요. 일단 우리 모둠은 이번 수행평가 주제로 『어린 왕자』를 정했어요. 그런데 그 친구는 우리 모둠에 도움이 안 돼요. 딴 모둠은 네 명이 하는데, 우리는 세 명이 하는 셈이에요. 왜 우리 모둠이 피해를 봐야 하죠? 이건 불공평해요!

존 롤스라면 어떻게 생각했을까?

비장애인과 한쪽 다리가 불편한 장애인이 100미터 달리기를 한다면 어떻게 될까?

당연히 두 팔과 두 발을 자유롭게 움직일 수 있는 비장애인이 이길 것이다. 100미터를 달려야 한다는 조건은 같지만 말이다.

존 롤스는 정의란 무조건 평등하고 똑같은 것이 아니라고 생각했다. 발달 장애인 학생이 학습이나 행동이 느리고 모둠에서 기여도가 낮을 수는 있다. 그렇다고 그 학생을 반 전체의 모둠 활동에서 빼는 것이 옳은가?

존 롤스라면 소수자인 그 학생을 배려해야 한다고 주장했을 것이다. 그것이 기회를 균등하게 주는 일이며, 사회적 약자를 배려하는 길이라고 생각하기 때문이다(정의의 제2원칙인 차등의 원칙과 기회 균등의 원칙). 존 롤스는 소수자에 대한 배려는 정의의 원칙에 걸맞은 것으로 역차별이 될 수 없다고 주장했다.

소수자에 대한 배려는 우리가 인간이기에 해야 하는 일이며, 인간의 존엄성을 지키는 길이기도 하다. 그렇지만 그 학생이 왜 발달 장애인 친구 때문에 자기 모둠이 힘들어야 하는지 이해를 못하고 속상해 할 수 있다. 다음의 이야기를 들려주고 싶다.

니묄러의 고백

독일의 히틀러는 제2차 세계대전 때 무려 600만 명의 유대인들을 죽였다. 독일의 루터 교회 목사였던 마르틴 니묄러는 반공주의자였다.

니묄러는 1930년대 후반에 히틀러가 집권하자 처음에는 반겼다고 한다. 하지만 나중에는 히틀러에게 반대하다가 강제 수용소로 끌려갔다. 니묄러는 1945년이 되어서야 연합군에 의해 풀려났다.
후에 그는 다음과 같이 말했다.

나는 유대인이 아니었기 때문에.

나는 독일인이고,
점령당한 국민이 아니었기 때문에.

그리고 ……

나를 위해 말을 해 줄 사람이
아무도 남아 있지 않았다.

공정한 정의의 원칙이 세워지고 소수자를 보호하는 사회가 좋은 사회이다. 또한 소수자들을 배려하는 정의의 원칙을 세우는 것은 우리 자신을 위한 일이기도 하다.

우리도 미남이 아니고 키가 작다거나, 백인이 아니라 황인종이라 거나, 남자가 아니라 여자라거나 해서 차별받을 수 있다. 건강하 던 사람도 사고나 질병으로 장애인이 될 수도 있다. 그러므로 당 장 좀 불편하더라도, 정의의 원칙을 뚜렷하게 세우고, 그것을 지 키는 사회를 만드는 것은 자기 자신을 위한 일이기도 하다.

기억하자. 유대인이 부당하게 끌려갈 때 침묵한다면, 언젠가 내가 끌려갈 수도 있다는 것을.

니묄러가 한 말은 여러 형태로 전해진다. 여기서는 그것을 편집했다. 니묄러는 강 제 수용소에서 풀려난 뒤, 전후 독일인들에게 반성을 촉구하고 독일 사회의 화해 를 위해 노력했다고 한다.

21

진짜보다 더 진짜 같은 가짜

장 보드리야르의 소비사회

어떤 사람을 처음 만났을 때, 보통은 그 사람의 실체보다 '첫인상'이라는 '이미지'로 판단한다. 심리학에 따르면, 사람은 3초도 안 되는 짧은 시간에 첫인상으로 다른 사람을 판단한다고 한다.

스마트폰으로 사진을 찍어 SNS(Social Network Services)에 올릴 때, 사진을 예쁘게 보정해서 올리는 사람들이 많다. 피부도 하얗게 하고, 사각턱을 갸름하게 바꾸거나 몸매를 날씬해 보이게 만들기도 한다. 사람들은 이미지를 보고 판단하므로, 이처럼 의도적으로, 혹은 은연중에 자신의 이미지를 관리한다. 그래서 SNS에서 본 사람을 실제로 만나면 놀라기도 한다. SNS에 올린 사진과 실재가 너무 달라 당혹스럽기 때문이다.

우리는 이미지를 소비하는 사회에 살고 있다. 이제 더 이상 실체
는 중요하지 않은지도 모른다. 아니, 어쩌면 이미지와 실체가 서로
뒤바뀌었는지도 모른다. 거짓인 이미지를 진짜라고 믿는 경우가 많
기 때문이다.

생산의 시대에서 소비사회로

18세기 중반 영국에서 산업혁명이 일어난 후로 공장이 곳곳에 세
워졌다. 분업과 대량 생산 방식으로 생산성이 크게 높아졌다. 산업
화로 인해 인간의 삶은 풍요로워졌다. 근대 사회는 노동과 생산으
로 발전하는 '생산의 시대'였다.

그런데 20세기에 들어 대규모 공장에서 물건들을 너무 많이 생산
했다. 공장에서 쏟아지는 물건들을 '마구 써 버려야 하는 시대'가 된
것이다.

예전에는 겨울에 장갑 한 켤레만 있으면 충분했지만, 이제는 빨
간 장갑, 파란 장갑, 가죽 장갑, 털장갑 등 사람들이 끊임없이 물건

을 소비하도록 광고로 유혹한다. 그래야만 공장의 기계를 쉬지 않고 돌려 또다시 물건을 생산하게 되고, 자본주의의 수레바퀴가 멈추지 않고 돌아가게 될 테니 말이다.

프랑스의 철학자 장 보드리야르(Jean Baudrillard, 1929~2007)는 현대 사회를 소비에 의해 발전하는 '소비사회'라고 정의했다.

서구 사회는 제2차 세계대전의 폐허에서 일어나 대량 소비사회로 접어들었다. 그리고 텔레비전, 스마트폰 등이 필수품이 되면서 온갖 이미지들을 쏟아 내며, 이러한 소비사회를 더욱 부추기고 있다.

브랜드 운동화는 '기호'이다

상품이 넘쳐나는 시대에 사람들이 갖고 싶다, 혹은 쓰고 싶다고 생각하게 만들려면, 어떻게 해야 할까?

소비사회에서는 사회적으로 의미가 부여된 '기호 가치'가 중요하다. 즉, 이미지나 감성, 남과 구별 짓기, 유행, 사회적 코드 같은 것이 중요해진 것이다.

한 중학생이 어머니에게 다른 아이들이 모두 신고 있다면서 비싼 브랜드 운동화를 사 달라고 졸랐다. 이 운동화는 광고에서 '스티브 잡스가 애용한 운동화', '오바마 대통령도 신는 운동화'라는 점을 강조했다. 이때, 아이는 단순히 운동화를 원하는 것이 아니다. 운동화의 질이나 가격보다 젊고 창의적이고 멋진 이미지에 눈이 쏠린다.

승용차의 사용 가치는 빠르고 편안히 이동하게 해 주는 것이다. 하지만 현대인들은 더 이상 승용차를 탈것(사용 가치)으로만 소비하지 않는다. 독일의 명품 자동차, 이탈리아의 스포츠카, 우리나라의 고급 SUV(스포츠형 다목적 자동차), 사람들은 자동차를 '기호'로 소비한다. 이를테면 스포츠카를 자신이 경제적으로 여유가 있으며 활동적이고 젊다는 것을 보여 주는 기호로 쓰는 것이다.

기호가 지배하는 사회

예전에 인터넷의 한 카페에서 다음과 같은 실험을 한 적이 있다.

게시판에 검정색 가방의 사진을 올리고, "이 가방을 사려고 하는데, 디자인이 어떤가요?"라고 물었다. 예쁘다는 댓글도 있었고, 별로라는 댓글도 제법 있었다.

그 후 이 사람은 게시판에 다시 가방 사진을 하나 올렸다. 이전과 똑같은 검정색 가방이었다. 다만, 한 가지가 달랐다. 이번에는 검정색 가방에 매우 비싼 명품의 로고가 박혀 있었다. 그러자 많은 사람들이 가방이 멋지다고 칭찬했다.

똑같은 두 가방을 구별해 준 것은 무엇인가? 명품 로고이다. 즉 명품의 이미지, 바로 '기호'이다. 이때 중요한 것은 그 가방이 얼마나 튼튼한지, 얼마나 쓰기 편한지(사용 가치), 다른 상품으로 바꿀 수

있는지(교환 가치)가 아니라, 그 상품에 박혀 있는 로고, 즉 상품을 둘러싼 기호 가치이다.

현대 사회에서는 물건만이 아니라 그 물건이 나타내는 '기호'를 구매한다. 모든 것이 기호로 변하고 기호로 소비될 수 있다. 상품뿐만 아니라 미술, 음악, 광고, 몸, 자연, 시간, 의료, 지위 등 모든 것이 상품화되어 팔리고 있다.

사람들이 물건 대신 기호를 원하며 소비할수록 이미지는 더욱 중요해진다. 그래서 사람들은 이미지와 상징을 실재보다 더 실재 같다고 느끼게 된다. 우리는 이러한 소비사회에 빠져 있고, 여기서 빠져나오지 못하고 있다. 보드리야르는 현대 소비사회를 비관적으로 내다보았다.

"행복할 때도, 불행할 때도
인간이 자신의 상(象)과 마주하던 거울은 사라지고
그 자리에 쇼윈도가 나타났다."

시뮬라크르와 시뮬라시옹

미국의 디즈니랜드에 가면, 모험의 나라, 개척의 나라, 환상의 나라 등이 있다.

사람들은 디즈니랜드가 가짜 세계라는 것을 안다. 어렸을 때부터 이야기로 듣고 본 것들을 진짜 세계처럼 꾸며 놓았을 뿐이다. 그곳에 등장하는 피노키오가 동화 속 인물일 뿐, 실재하지 않는다는 사실을 잘 알고 있다.

그런데 보드리야르는 우리가 지금 사는 현실 세계도 마치 디즈니랜드와 같다고 말했다. 즉, 온갖 기호와 이미지가 뒤섞여서 무엇이 실재인지 알지 못한다는 것이다.

보드리야르는 현실을 대신하는 이미지를 시뮬라크르(simulacre)라고 한다. 시뮬라크르는 프랑스어로 '시늉', '흉내'라는 뜻이다. 시뮬라크르는 끊임없이 만들어지며, 사람들은 그것이 실제인 양 착각하게 된다. 시뮬라크르들은 실재보다 더 실재 같은 하이퍼 리얼리티(극실재)를 만들어 낸다. 하이퍼 리얼리티는 너무나 실재 같기에 원본이 더 이상 의미가 없어진다. 어떤 의미에서는 원본과 복제물의 구별도 없다.

시뮬라시옹(simulation)은 시뮬라크르의 동사형으로 시뮬라크르하기, 즉 실재가 '가상의 실재'인 시뮬라크르로 바뀌는 것을 말한다. 우리가 사는 세상은 시뮬라크르들이 끊임없이 만들어지고 있다. 그러다 보니 무엇이 실재인지 알 수 없게 되었다. 이것이 장 보드리야르가 본 현대 사회이다.

실재
동화 속 이야기

가짜 (이미지)

진짜 잠자는 미녀의 성이라 착각할 때

하이퍼 리얼리티

시뮬라시옹

디즈니랜드의 '잠자는 미녀의 성'
시뮬라크르

영화 「매트릭스」와 시뮬라크르

> 2199년, 인공 지능을 가진 기계 로봇이 반란을 일으킨다. 인간과 기계가 전쟁을 벌이고, 인간은 기계의 에너지원인 태양을 가리기 위해 검은 구름을 하늘에 살포한다. 하지만 인간은 전쟁에서 지고, 살아남은 사람들은 도망쳐서 시온이라는 도시를 건설한다. 한편, 기계들은 인공수정과 유전자 조작으로 인간을 만들어 인큐베이터 안에 가두어 기르며, 이 인간들을 에너지원으로 사용한다. 인큐베이터 안의 인간들은 자기들이 1999년에 살고 있는 줄 안다. 그것이 기계들이 만들어 놓은 꿈속의 가상 세계라는 사실을 모른 채.

워쇼스키 남매가 감독하고 키아누 리브스가 주연한 영화 「매트릭스」*의 이야기이다. 주인공인 네오는 낮에는 회계사, 밤에는 해커(컴퓨터 통신망을 통해 다른 컴퓨터에 허락 없이 들어가 정보를 없애거나 바꾸는 사람)를 하며 살고 있다.

어느 날, 네오는 모피어스라는 사람을 만난다. 모피어스는 네오에게 당신이 사는 세계는 가짜라고 말한다.

 매트릭스는 우리말로 어머니의 '자궁'이라는 뜻이다. 영화에서는 가상 공간, 즉 컴퓨터가 인간을 지배하고 통제하는 공간을 말한다.

> 지금은 1999년이 아니며, 당신은 회계사도 해커도 아니다. 이것은 당신의 꿈속, 컴퓨터가 만들어 놓은 가짜 세계이다(극실재, 하이퍼 리얼리티). 당신은 지금 인큐베이터에 누워 있다. 머리에 전선이 연결된 채, 기계들에 의해 사육되고 있다.

실재

인간들은 인큐베이터에서 기계들에 의해 사육되고 있다. 이것이 실재하는 세계.

네오는 모피어스를 만난 뒤, 자신이 가상 세계를 진짜인 줄 착각한 것을 깨닫게 된다.

극실재(하이퍼 리얼리티)

네오가 자신이 살고 있다고 착각한 세계. 컴퓨터가 만든 가상 세계이다.

예전에 대기업에서 신입사원을 뽑을 때, 가장 먼저 보는 것이 서류였다. 입사 원서에는 사진도 있고, 어떤 학교를 나왔는지, 성적은 어떤지, 그리고 영어 점수는 어떤지 등이 적혀 있었다. 능력과 됨됨이를 보기 전에 이미지를 먼저 보는 것이다.

우리가 사는 현대 사회는 물론 이 영화의 이야기처럼 극단적이지는 않다. 하지만 많은 이미지가 만들어지고, 이미지가 오히려 현실을 지배한다는 면에서 영화와 닮은 면이 있다.

걸프전과 시뮬라크르

1990년에 이라크가 쿠웨이트를 침공하자, 이듬해 1월에 미국, 영국, 프랑스 등 34개국이 이라크를 응징하기 위해 전쟁에 나섰다. 이것이 바로 걸프전이다.

그런데 걸프전은 미국의 뉴스 전문 채널인 CNN 방송을 통해 전쟁 상황이 실시간으로 방송되었다. 전 세계인이 미사일이 까만 하늘로 날아가는 것을 지켜보았다.

사람들은 CNN 방송을 보며, 이것이 전쟁의 실재라고 착각했다. 하지만 카메라로 복제된 전쟁 이미지일 뿐이다. 이때 방송 화면이 바로 현실을 복제한 이미지인 '시뮬라크르'이다. 그리고 시뮬라크르를 만드는 것이 바로 '시뮬라시옹'이다. 하지만 까만 하늘을 날아가는 미사일과 폭격 장면만이 실제 전쟁은 아니다. 그 폭격으로 어딘가는 불타고, 많은 사람들이 죽어 갔을 테니까.

22

권력은 어디에나 숨어 있다

미셸 푸코의 감시와 처벌

우리는 하루에 몇 번이나 CCTV에 찍힐까? 이 물음에 대답해 줄 분을 모셨다. 그분과 이야기를 나눠 보자.

Q 먼저, 어떤 일을 하는지 자기소개부터 해 주세요.

A 저는 서울시에서 설치한 CCTV를 관리하고 있어요. 음, 그러니까 어느 지역에 CCTV를 몇 개나 설치해야 할지 정하고, CCTV가 잘 작동되는지 확인하고 관리하지요.

Q 우리 주변에 CCTV가 얼마나 설치되어 있나요?

서울시와 각 자치구에 수만 대가 설치되어 있어요. 개인이 자신의 건물이나 가게에 설치한 것과 승용차에 설치되어 있는 블랙박스까지 합하면 아마 400만 대가 넘을 겁니다.

우리가 CCTV에 꽤 많이 찍히겠군요.
그렇지요. 곳곳에 CCTV가 널려 있으니까요.

범죄 예방 목적도 있겠지만, 사생활을 침해한다는 논란도 있는데요. 어떻게 생각하나요?
CCTV가 있으면 아무래도 범죄를 저지르기 힘들지요. CCTV가 자신을 지켜보고 있다고 생각하니까요. 그리고 범죄가 많이 일어나는 지역에서는 CCTV를 더 많이 설치해 달라고 요구하고 있어요.

2010년 국가인권위원회의 조사에 따르면, 수도권 시민들은 하루 평균 83차례 정도 CCTV에 찍힌다고 합니다. 집에서 나와 길을 걸어가면서 9초마다 한 번씩 CCTV에 찍히고, 지하철에서 환승할 때는 50여 차례, 또 백화점에서 3시간을 돌아다니면 45차례에 걸쳐 CCTV에 찍힌다고 합니다. CCTV가 우리의 생활을 감시하고 있다고 생각하는 사람들도 많은데요. 범죄 예방과 사생활 침해, 어떤 것을 더 우선시해야 할까요? 여러분의 생각은 어떤가요?

권력을 과시하는 공개 처벌의 시대

20세기의 프랑스 철학자 미셸 푸코(Paul Michel Foucault, 1926~1984)는 『감시와 처벌』이라는 책에서 감옥의 역사와 형벌 제도의 변화를

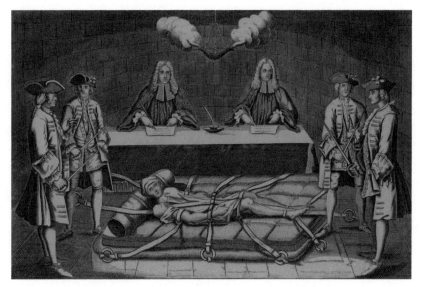
다미앵은 광장에서 처형당했다. 18세기에 그려진 이 삽화는 다미앵이 공개 처형을 당하기 직전의 모습을 표현했다.

연구했다. 그리고 18세기 후반에 감옥 제도가 왜, 어떻게 만들어지고 널리 퍼졌는지 밝혔다. 또한 권력이 시대에 따라 어떻게 사람들을 통제하고 지배해 왔는지 연구했다.

『감시와 처벌』은 1757년 루이 15세를 죽이려다가 미수에 그친 다미앵의 이야기에서 시작된다. 다미앵은 정신병을 앓고 있었다고 하는데, 광장에서 잔인하게 공개 처형을 당했다. 수많은 파리 시민들이 처형 장면을 지켜보았다.

푸코는 다미앵의 처형 장면을 상세히 기록하고 있는데 진짜 끔찍하다. 차마 여기에 낱낱이 옮기기 힘들 정도이다.

"그레브 광장으로 끌고 가서…… 종아리의 살점들을 불에 발갛게 달군 집게로 뜯어내고…… 말에 팔다리를 묶은 다음……."

끔찍한 처형이 진행되는 동안, 다미앵의 머리카락이 하얗게 세어
버렸다는 이야기도 전해진다.

당시 권력은 이처럼 많은 사람들이 모인 광장에서 가혹한 형벌을
가했다. 권력은 잔혹한 공개 처벌로 힘을 과시한 것이다. 사람들은
두려움에 떨고 권력에 숨을 죽였다. 하지만 이런 잔인한 공개 처벌
은 오히려 사람들이 반발하여 폭동을 일으킬 위험도 가지고 있다.
그리고 집행 절차가 번거롭고, 국가의 비용 부담이 크다는 문제점
이 있었다.

원형 감옥의 시대로

18세기에 이르러 계몽주의 사상이 등장하자, 인권과 자유에 대한
목소리가 커졌다. 이에 권력은 차츰 합리성을 중시하는 이성적인
모습을 갖추게 된다.

19세기가 되자 공개 처벌과 가혹한 신체형은 점차 사라졌다. 그
리고 감옥에 가두는 감금형과 강제 노동이 도입되었다. 예전에는
권력이 공개된 자리에서 힘을 과시했다면, 이제는 서서히 몸을 숨
기게 되었다. 그리고 권력은 더욱 교묘하고 효율적으로 힘을 행사
하기 시작했다.

18세기 영국의 감옥은 환경이 너무 열악했다. 1729년 영국의 의
회 보고서에 따르면, 마셜 시의 감옥에서는 3개월 동안 300여 명의
죄수들이 굶어 죽을 정도였다.

18세기 영국의 공리주의자였던 제러미 벤담은 적은 수의 간수로
많은 죄수를 효율적으로 감시할 수 있는 방법을 고안해 냈다. 바로

원형 감옥인 파놉티콘(panopticon)이다.

파놉티콘은 감옥 중앙에 감시탑이 높게 솟아 있고, 그 주위에 둥그렇게 감방이 있다. 감시탑에서 나오는 밝은 빛은 감방 곳곳을 비춘다. 중앙 감시탑에 있는 간수는 죄수들이 무엇을 하는지 일거수일투족을 볼 수 있다. 하지만 감시당하는 죄수들은 밝은 빛 때문에 '간수를 볼 수 없다'!

그러니 죄수들은 항상 감시받고 있다고 생각해서 함부로 행동할 수 없다. 간수가 실제로 보든 안 보든, 항상 감시당하고 있다는 불안과 공포를 느낀다. 원형 감옥은 이렇게 죄수들의 행동을 통제한다.

죄수들은 원형 감옥에서 항상 감시를 당한다고 느끼기 때문에, 스스로 '자기 검열'을 하며, 점차 권력의 요구에 따르고 규율에 복종하게 된다. 즉, 죄수들이 권력의 요구를 '내면화'하여 스스로를 통제하는 것이다.

현대 사회도 마찬가지다. 독재 국가의 사람들은 인터넷 게시판에 정부를 비판하는 글을 올리고 싶더라도, 독재자의 감시의 시선을 의식하게 된다. 그래서 스스로 자기 검열을 하여 그런 글을 올리지 않거나, 글의 표현을 순화해서 올린다. 자기도 모르게 권력의 시선을 내면화하고 권력에 복종하는 것이다. 이것이 바로 원형 감옥의 가장 무서운 힘이다.

한편 형벌 제도는 공개 처벌과 가혹한 신체형에서 감옥의 탄생까지, 점점 인간적인 방향으로 개선된 것처럼 보인다.

하지만 푸코는 이러한 변화가 인권 의식이 발전했기 때문에 생긴 것이 아니라고 생각했다. 공개 처벌로 인해 반발과 한계에 부딪힌 권력이 적은 돈을 들여서 더욱 효율적으로 통제하고 감시하기 위해 전략을 바꾼 것뿐이라고 말이다.

예전에는 권력이 억압적이고 폭압적으로 처벌하고 지배했다면, 현대에는 지배받는 사람들이 규율을 스스로 내면화하고 순응하게 만든다.

권력은 지식과 이론을 만들어 내고, 그것을 사람들에게 주입하여 스스로 따르게 한다. 합리적이고 교묘하게 지배하므로, 사람들이 지배받는 것을 느끼지 못할 정도이다.

권력은 '보이지 않게' 모든 곳에서 우리를 감시하고 통제한다. 우리나라 교실에서 학생들은 분단별로 가지런히 교탁을 향해 앉아 있다. 학생들은 뒤를 돌아보지 않고서는 서로가 무엇을 하고 있는지 볼 수 없지만, 교사는 학생들이 무엇을 하는지 한눈에 볼 수 있다. 학생들에게는 각자 번호가 주어지고, 생활기록부에는 성적과 출석 상황, 각종 활동이 꼼꼼하게 기록된다. 그 기록은 수십 년이 넘게 보관된다!

푸코는 감옥 체제야말로 근대 사회의 가장 중요한 특징 가운데 하나라고 생각했다.

"감옥이 공장이나 학교, 군대나 병원과 비슷하고,
이런 모든 기관이 감옥과 닮았다고 해서 무엇이 놀라운가?"

규율 사회

권력이 통제와 감시를 잘하려면 기준이 필요하다. 그래서 권력은 지식의 힘을 빌려 '정상'과 '일탈'을 자꾸 구분하려 든다.

조선 시대에는 시계가 없었다. 새벽에 닭이 울면 일어나서 서당에 갔다. 수업 시작 시간에 늦으면 혼이 났지만 5분, 10분 단위로 확인하지는 않았다.

하지만 지금은 시계를 보며 1분 단위로 확인한다. 출근 카드가 있는 회사에서는 기록이 남고, 1분만 늦어도 지각으로 체크된다. 학교에서도 지각과 결석을 꼼꼼하게 확인한다.

30년 전에는 학교에 매일 같은 옷을 입고 오는 아이들이 제법 있었다. 하지만 요즘은 매일 같은 옷을 입으면 눈에 띈다. 왜 맨날 같은 옷을 입는지 의아해 하고, 별종으로 취급받기도 하며, 심지어 이런 행동을 일탈 행위로 보기도 한다.

예전에는 사소했거나 조금 부도덕하게 여겨졌던 문제, 이를테면 지각 같은 문제가 지금은 처벌 대상이 된다. 벌점이 쌓이면 직원의 근태 상황표나 학생의 생활기록부에 기록된다. 권력은 아주 작은 것까지 놓치지 않고 우리의 일상생활에 스며들어 있다.

현대 사회는 모든 것을 감시하고 규율을 정해 놓았다. 질서와 제도를 유지하기 위해 본보기를 정해 놓고, 사람들이 자기 검열을 통해 스스로를 통제하도록 만든다. 이런 현대 사회에서는 누구도 이러한 잣대에서 자유로울 수 없다.

23

성찰적 근대화를 위하여

울리히 벡의 위험사회

1990년대, 영국에 전염병이 돌아 양이 많이 죽었다. 양을 키우던
목장주들은 큰 손해를 보는 바람에 실의에 빠졌다.

"죽은 양을 저에게 파시겠어요? 헐값에 파시죠."

"아니, 죽은 양을 무엇에 쓰게요? 그냥 죽은 것도 아니고, 전염병
에 걸려 먹지도 못한답니다."

농장 사람들은 의아하다는 듯 남자를 쳐다보았다.

"걱정 말아요. 다 쓸 데가 있답니다."

목장주들은 죽은 양을 처분하는 수고를 덜 수 있으니 별말 없이
팔았고, 구입한 남자는 죽은 양의 고기를 갈아서 사료로 만들어 팔

았다. 질 좋은 단백질이니 소가 잘 클 것이라고 생각했다.

그런데 성공으로 끝날 것 같았던 그들의 생각은 무참히 깨지고 말았다.

갑자기 소들이 비틀거리더니 하나둘 쓰러졌다. 그 소고기를 먹은 사람들도 쓰러졌다. 그들의 뇌에는 구멍이 나 있었다! 광우병이 발생한 것이다!

'어떻게 하면 적은 돈으로 소를 가장 빨리 자라게 할까?'

이들은 최소 투입으로 최대 효과를 얻는다는 합리적인 생각에서 이런 선택을 했다고 생각했을 것이다. 하지만 광우병이라는 예상하지 못한 나쁜 결과를 가져왔다.

근대는 인간의 이성과 합리성을 중시했다. 들인 돈이나 노력에 비해 결과가 좋으면 된다고 생각했고, 효율적인 것을 최고의 가치로 여겼다.

하지만 이러한 합리성이 누구도 예상하지 못한 위험을 불러오기도 한다. 앞의 예에서 축산업자들이 합리성을 위해 소에게 죽은 양으로 만든 사료를 먹였는데, 꿈에도 생각하지 못한 광우병이 등장한 것처럼 말이다.

산업사회에서 위험 사회로

1986년 독일의 사회학자 울리히 벡(Ulrich Beck, 1944 ~2015)은 『위험사회』에서 산업사회와 위험사회를 구분했다. 또한 현대는 '위험사회'라고 경고했다.

근대 산업사회는 산업화와 과학기술의 발전으로 물질적으로는 풍요로워졌다. 하지만 산업화와 근대화가 진행될수록 위험 요소가 더욱 커졌다. 공장 굴뚝의 뿌연 연기는 도시에 스모그를 만들고, 공장에서 몰래 버린 오염 물질로 강의 물고기가 떼죽음을 당했다. 이 물을 마시는 사람들도 위험에 빠져 버렸다.

합리적인 이성에 밑바탕을 둔 산업사회가 놀랍게도 위험사회로 변한 것이다. 울리히 벡은 인간의 이성은 완벽하지 않기 때문에, 이성에 밑바탕을 둔 근대성과 합리성에는 필연적으로 위험이 도사리고 있다고 지적하며, 이렇게 말했다.

"현대의 위험은 근대성의 실패가 아니라
성공에서 비롯되었다."

위험사회의 특성

현대의 위험은 '통제 불가능'하고 '불확정된' 위험이다. 예상치 못하게 발생하며, 위험이 얼마나 커질지 알 수 없고, 통제할 수 없는 경우가 많다.

사람들은 통제할 수 없고 불확실한 위험에 공포를 더 크게 느낀다. 자동차 사고가 일어날 확률이 비행기 사고보다 1만 배나 높다.

하지만 사람들은 비행기 사고에 공포를 더 크게 느낀다. 자동차 사고는 자신이 조심하면 통제할 수 있지만, 비행기 사고는 어찌할 수 없는 위험이다.

흡연과 광우병 중 어느 것이 더 위험할까?

사람들은 대체로 흡연보다 광우병에 공포를 더 크게 느낀다. 실제로는 흡연으로 인한 사망률이 광우병으로 인한 사망률보다 훨씬 높은데도 말이다. 흡연으로 인한 위험은 담배를 끊으면 피할 수 있으므로, 통제할 수 있고 확정된 위험이다. 그런데 광우병은 개인이 통제할 수 없으며(가끔 소고기의 원산지를 표시하지 않는 곳이 있다) 불확정한 위험이므로 공포를 더 크게 느낀다.

일본에서 일어난 후쿠시마 원전 사고를 보면, 현대의 위험이 어떠한 성격을 띠는지 분명히 알 수 있다.

2011년 3월 11일, 일본 동북부 지방에서 대규모 지진과 쓰나미가 일어났다. 지진으로 땅이 흔들리고, 쓰나미로 바닷가 마을은 쑥대밭이 되었다. 그리고 후쿠시마 현에 있는 원자력 발전소에서 방사능이 누출되었다.

후쿠시마 원전 사고

원자력 발전소에서는 해일에 대비하기 위해 방어벽을 높게 쌓아 놓았다. 하지만 쓰나미로 예상치 못한 해일이 몰아친 순간, 속수무책이 되어 버렸다. 이처럼 현대의 위험은 인간의 힘으로 통제하지 못하고, 어디까지 영향을 미칠지 알 수 없는 불확정된 위험이다.

위험 사회에서 벗어나려면

울리히 벡은 이성과 과학에 대한 맹목적인 믿음을 버려야 한다고 경고했다. 그리고 근대화 때문에 생긴 문제점을 보완할 수 있는 '성찰적 근대화'의 방향을 찾아야 한다고 주장했다.

성찰적 근대화란 산업사회의 원리를 살펴서 반성하여(성찰) 뜯어버리고, 새로운 사회를 구성하자는 것이다. 이는 '근대성의 종말'이 아니라 '새로운 근대성'을 찾자는 말이다. 또한 기술에 대한 의존성을 줄이고, 사회와 기술 공학의 복잡성을 점차 단순화하고, 과학적 합리성만 맹신하지 말고 사회적 합리성과 함께 경쟁하고 공존할 수 있도록 해야 한다고 주장했다.

한편 현대에 일어나는 문제는 매우 복합적이다. 후쿠시마 원전 사고가 터지자 한국뿐 아니라 미국 등 세계 여러 나라가 영향을 받았다. 미국에서 경제 위기가 터지면 전 세계가 영향을 받는다.

매년 봄, 우리나라는 중국에서 불어오는 황사 때문에 골머리를 앓고 있다. 특히 이 황사에는 공장에서 뿜어낸 미세 유독 물질이 섞여 있어 건강에 매우 나쁘다. 하지만 이 문제는 우리나라 혼자 해결할 수 없고, 중국 등 여러 나라가 함께 해결해야 한다.

울리히 벡은 현대 사회의 위험을 줄이려면, 인류가 국민국가의 틀에서 벗어나 '코스모폴리탄적인(세계인적인) 시각'을 가져야 한다고 주장했다. 코스모폴리탄적인 시각을 가지고, 다원적이고 통합적으로 사고해야 현대 사회의 위험과 불확실성을 줄일 수 있다는 것이다.

사유 불능성의 죄

한나 아렌트의 악의 평범성

1961년 12월, 이스라엘의 재판정.

찰칵, 찰칵! 파팟, 팟! 구름같이 몰려든 기자들이 한 남자를 찍고 있었다.

"거기 좀 비켜요. 안 보이잖아요!"

작은 키에 듬성듬성한 머리카락, 주름진 얼굴⋯⋯. 평범한 50대 백인 남자로 보이는 그가 무슨 죄를 지었기에, 전 세계에서 기자들이 몰려와 이렇게 야단법석이었던 걸까?

이 남자의 이름은 아돌프 아이히만.

아이히만은 나치 친위대 대령으로, 제2차 세계대전 때 독일이 점

령한 유럽 여러 지역에 살고 있는 유대인들을 체포하여 강제로 이주시키는 일을 했다.

1945년 독일이 항복한 뒤, 아이히만은 아르헨티나로 도망가 숨어 살았다. 그는 부에노스아이레스 근교의 자동차 공장에서 기계공으로 일했다. 이름도 리카르도 클레멘트로 바꾸었다.

그로부터 15년이 지난 1960년 5월, 이스라엘 정보 기관인 모사드가 아이히만을 체포하여 이스라엘에서 전범(전쟁범죄를 지은 사람) 재판이 열렸다.

강제 수용소에서 살아남은 100명이 넘는 증인들은 아이히만이 자신들을 강제 수용소로 보냈다고 생생하게 증언했다. 유대인을 강제 수용소에 보내고 학살한 죄, 전쟁을 일으킨 죄 등 아이히만의 죄명은 15가지가 넘었다.

재판장이 스스로 변론할 시간을 주자, 아이히만은 이렇게 말했다.

"나는 명령에 따랐을 뿐이오, 나는 무죄요."

재판정에서 다시 통곡과 탄식하는 소리가 흘러나왔다.

"저자는 인간이 아니야!"

아이히만은 잠시 생각에 잠기는 듯하더니, 계속 말을 이어갔다.

"나는 유대인에 대한 증오나 연민 등 사사로운 감정이나 판단으로 행동한 것이 아니오. 오직 국가의 명령에 따랐을 뿐이오. 당시의 보편적인 기준에 충실히 행동했던 것이오."

무죄를 주장하는 아이히만

한나 아렌트(Hannah Arendt, 1906~1975)는 독일에서 태어난 유대인으로 철학자이자 사상가이다. 1933년 나치의 비밀경찰인 게슈타포에게 체포되어 심문을 받고 풀려나기도 했다. 그 뒤 프랑스로 망명하여 나치에 반대하는 운동에 참여했다가 상황이 나빠지자 다시 미국으로 망명했다.

당시 한나 아렌트는 미국의 주간지 『뉴요커』의 특별 취재원 자격으로 예루살렘으로 가서 재판을 취재했다.

먼저 아렌트는 아이히만이 어떤 사람이었는지 파고들었다. 한때 정유회사 외판원이었던 아이히만은 나치 치하에서 유대인 관련 부서에서 일했다. 그 뒤 나치의 명령에 따라 유대인들을 먼 곳으로 이주시켰다. 처음에는 독일과 유럽 밖으로 내보냈지만, 나중에는 아우슈비츠 수용소로 보냈다. 아우슈비츠 수용소로 간 유대인들은 대부분 학살당했고 소수만이 살아남았다.

대부분의 전쟁 범죄자들이 전범 재판에서 자신의 범죄를 인정하고 선처를 호소했다. 하지만 아이히만은 달랐다. 자신은 국가의 명령에 따랐을 뿐이라고 당당하게 말하며 무죄를 주장했다. 그리고 칸트의 '정언 명령'에 빗대어 사람들을 놀라게 했다.

칸트의 정언 명령: 자신의 의지의 원칙이 항상 일반적인 법칙의 원칙이 되게 하라.

칸트는 이성으로 인류의 보편적인 법의 원칙을 발견하고, 그에 맞게 행동하라는 의미로 한 말이었다. 하지만 아이히만은 칸트의 말을 '국가의 법(히틀러의 명령)에 맞추어 그 원칙에 따라 행동하라'로 잘못 이해했다.

아이히만은 이렇게 생각했을 것이다.

'만약 국가의 명령을 받지 않고, 나 스스로 그런 일을 했다면 분명 양심의 가책을 느꼈을 것이다. 하지만 나는 당시 독일의 법과 정부의 명령을 따랐을 뿐이다. 그러므로 양심의 가책을 받지 않는다. 당연히 죄가 없다.'

아이히만은 매우 평범한 사람이었다고 한다. 가정에서는 자상한 남편이고 책임감 있는 아버지였다. 그는 상부의 명령, 법에 따라 행동했을 뿐이라고 주장했다. 하지만 그 일은 수많은 사람들을 죽음에 몰아넣는 일이었다. 그는 자신이 한 일의 의미를, 수용소로 끌려가는 유대인의 입장을 단 한 번도 생각하지 못한 것이다.

한나 아렌트는 아이히만에 대해 이렇게 말했다.

"당신의 죄는 '사유의 불능성', 그 가운데에서도 타인의 입장에서 생각하지 못한 무능함이다."

한나 아렌트는 아이히만이 유죄라고 생각했다. 인간은 자신이 한 행동이 어떤 결과를 가져올지 관심을 갖고 행동해야 한다. 하지만 아이히만은 그러지 않았다. 한나 아렌트는 무지가 악으로 연결될 때, 이처럼 끔찍한 인류의 범죄를 저지를 수 있다고 주장했다.

사유 불능성과 악의 평범성

제2차 세계대전 당시, 나치 정권이 독일을 지배하지 않았다면, 아이히만이 유대인 대학살에 가담할 일은 없었을 것이다.

나치의 공무원인 아이히만과, 자상한 아버지인 아이히만은 완전히 다른 사람일까? 나치 공무원으로서 그는 잔혹한 일을 했지만, 가장으로서 그는 성실하고 책임감 있는 사람이었다.

한나 아렌트는 "인간성이나 양심은 사회적인 여건에 따라 나타난다"고 주장했다. 아이히만이 나치 공무원일 때와 자상한 아버지일 때, 마치 다른 사람처럼 보이는 것처럼 말이다.

1945년 1월 27일, 소련군에 의해 풀려난 아우슈비츠 수용소의 아이들.(위키피디아)

인간은 보편적인 이성을 가지고 있다. 그런데 왜 이처럼 인간성이나 양심이 상황에 따라 다르게 나타날까? 한나 아렌트는 그 이유를 인간의 복수성, 사유 불능성, 악의 평범성으로 설명했다.

인간의 복수성

인간은 자연적인 존재인 동시에 사회적인 존재이다. 예를 들어 철수는 30세로 한 살짜리 아들과 동갑내기 아내가 있고, 낮에는 직장에서 일하고, 밤에는 야간 대학에 다닌다고 하자.

이때 철수는 회사에서는 직장인으로서, 야간 대학에서는 학생으로서, 가정에서는 가장으로서, 각 사회적인 공간에 맞게 사회적인 존재로서 걸맞게 행동한다. 한 사람 안에는 여러 가지 개성이 함께 있다. 이를 인간의 복수성이라고 한다.

그래서 사람은 사회적인 여건에 따라 인간성이나 양심이 달리 나타난다. 이를테면 철수가 직장 상사로 일할 때와 집에서 아버지일 때, 다른 개성이 나타날 수 있다는 것이다.

사유 불능성

회사, 학교, 가정 등 각 사회는 그 사회가 공유하는 특수한 지식이 있다. 흔히 '상식'이라고 말하는 것 말이다. 국가에서는 국민으로서의 상식이, 회사에서는 직장인으로서의 상식이, 학교에서는 학생으로서의 상식이 있다. 그리고 사람들은 그 상식에 맞게 행동하려는 습성이 있다.

인간은 보편적인 이성을 통해 생각하는 존재이지만, 보통은 상식에 따라 생각하고 행동한다. 그 사회의 상식에 따라 행동하면, 현실의 일을 깊이 생각하지 않아도 되고, 남에게 비난받을 가능성도 적어지기 때문이다. 안타깝게도 인간은 귀찮거나 두렵거나 등의 이유로, 동물원 우리의 짐승처럼 아무 생각 없이 오늘을 살 수 있는 존재이다.

아이히만도 그저 아무 생각 없이, 자기가 속한 사회의 상식을 따랐다. 단 한 번도, 조금도 '상식' 밖에서 생각하지 못했다. 유대인을 죽이는 일이 범죄라는 생각은 전혀 하지 않았다! 생각을 전혀 하지 못하는 사유 불능성에 빠져 있었다.

아이히만은 나치가 장악한 독일 사회에서 살았고, 그곳에서는 유대인을 없애는 것이 상식이었다. 그렇다고 아이히만의 악함과 사유 불능성을 정당화할 수는 없다. 한나 아렌트는 다음과 같이 말했다.

"아이히만은 타인의 관점에서 사유할 능력이 없었다.
의지도 없었고, 판단도 하지 않았다.
도덕적인 행동을 하는 것 자체가 불가능했다."

유대인 학살이라는 끔찍한 일은 결국 아이히만, 아니 독일 국민들의 사유 불능성 때문에 일어난 것이다.

악의 평범성

나치 독일은 유대인의 평등과 차이를 이해하려 들지 않았고, 그들을 부정했다. 당시 독일에서 유대인 이주는 평범한 일이었고, 나치에 속한 사람들은 유대인을 강제로 없애는 인종 청소를 아무 사유 없이 상식으로 받아들였다.

유대인 학살이라는 끔찍한 일을 저질렀던 사람들은, 우리가 흔히볼 수 있는 평범한 사람들이 대다수였다. 이들은 국가의 명령에 따르며, 아무런 사유 없이 자신들의 행동이 당연하다고 생각했다.

평범한 사람들이 이처럼 악을 날마다 성실하게 반복할 수 있다. 아이히만과 같은 독일 국민들은 인간으로서의 윤리관이 둔해져서 악에 이용당했다. 또한 습관적으로 악을 돕고, 인간으로서 도저히 이해할 수 없는 악한 일을 했다. 아렌트는 이를 악의 평범성이라고 불렀다.

우리 옆에 있는 악의 평범성

매일 뉴스에서도 악의 평범성을 볼 수 있다. 전쟁이나 학살처럼 끔찍한 상황은 아니더라도 말이다.

학교 폭력에 시달리는 반 친구를 보면서도 못 본 척하는 학생들, 부정을 저지른 정치인, 막대한 세금을 내지 않고 불법을 저지르는 재벌……. 내 일이 아니니까 못 본 척하고, 괜히 나섰다가 피해를 볼까 봐 못 본 척하고, 권력에 의해 없었던 일처럼 어물어물 덮이곤 한다. 사람들은 처음에는 분노하다가 나중에는 점점 무감각해져서 이렇게 내뱉기도 한다.

'뭐, 다 그렇지. 그럴 줄 알았어.'

그러나 우리 곁에서 '악'을 느낄 때, 외면하거나 평범하게 받아들인다면, 세상은 어떻게 될까? 과연 이 세상에서 마음 놓고 살아갈 수 있을까? '나답게' 세상을 살면서도 다른 사람들과 더불어 사는 세상을 만들려면 어떻게 해야 할까?

이 질문으로 이 책을 마무리하고 싶다. 인문학은 사람에 대한 학문이며, 결국 인간을 향해 있어야 하기 때문이다.

찾아보기

10만 가족이 선택한 최진기의 인문학 특강

인문 뿌리지식,
풍부한 현실 사례,
현장감 넘치는 강의

세상에서 제일 쉬운 서양철학사 1
총 8강, 4시간 29분

1강 소피스트
2강 소크라테스
3강 플라톤
4강 아리스토텔레스
5강 헬레니즘 시대의 철학
6강 중세 철학
7강 근대 철학 - 베이컨
8강 근대 철학 - 데카르트

세상에서 제일 쉬운 서양철학사 2
총 6강, 4시간 36분

1강 홉스
2강 로크, 루소
3강 공리주의
4강 칸트
5강 헤겔
6강 마르크스

꼭 알아야 할 현대사상가 1
총 12강, 3시간 46분

1강 장 보드리야르
2강 미셸 푸코
3강 위르겐 하버마스
4강 울리히 벡
5강 한나 아렌트
6강 조지 리처
7강 칼 포퍼
8강 리처드 도킨스
9강 제레미 리프킨
10강 제레드 다이아몬드
11강 클로드 레비스트로스
12강 에드워드 카

꼭 알아야 할 현대사상가 2
총 7강, 2시간 42분

1강 사무엘 헌팅턴
2강 사르트르
3강 에드워드 사이드
4강 장하준
5강 조지 레이코프
6강 폴 크루그먼, 니얼 퍼거슨
7강 프란시스 후쿠야마

OHMYSCHOOL
모든시민은학생이다

■ 최진기의 인문학 특강은 오마이스쿨(www.ohmyschool.
org)에서 만날 수 있습니다.